Durchgängige Sprachbildung

Qualitätsmerkmale für den Unterricht

FörMig Material

Herausgegeben von

İnci Dirim, Ingrid Gogolin, Drorit Lengyel, Ute Michel,
Ursula Neumann, Hans H. Reich †, Hans-Joachim Roth
und Knut Schwippert

Band 10

Ingrid Gogolin, Drorit Lengyel, Christiane Bainski,
Imke Lange, Ute Michel, Sabine Rutten,
Heidi Scheinhardt-Stettner

Mit einem Beitrag von Tobias Schroedler

Durchgängige Sprachbildung
Qualitätsmerkmale für den Unterricht

Waxmann 2020
Münster · New York

Bibliografische Informationen der Deutschen Nationalbibliothek
Die Deutsche Nationalbibliothek verzeichnet diese Publikation in der Deutschen Nationalbibliografie; detaillierte bibliografische Daten sind im Internet über http://dnb.dnb.de abrufbar.

2., überarbeitete Auflage 2020.
1. Auflage 2011
Die erste Auflage dieses Bandes entstand in Zusammenarbeit mit Britta Hawighorst, Andreas Heintze, Wiebke Saalmann und weiteren Mitgliedern der FörMig-AG Durchgängige Sprachbildung.
Die erste Auflage wurde gefördert als BLK-Programm von Bund und Ländern im Zeitraum vom 01.09.2004 bis 31.12.2006.

ISSN 1866-6620
ISBN 978-3-8309-4080-7

www.waxmann.com
info@waxmann.com

Umschlaggestaltung: Pleßmann Design, Ascheberg
Umschlagbild: © FörMig Kompetenzzentrum
Satz: Stoddart Satz- und Layoutservice, Münster
Druck: mediaprint solutions GmbH, Paderborn

Gedruckt auf alterungsbeständigem Papier, säurefrei gemäß ISO 9706

Printed in Germany

INHALT

1 EINLEITUNG

Als die Qualitätsmerkmale für den Unterricht entwickelt wurden, war der Ansatz der Durchgängigen Sprachbildung eine Innovation. Er wurde entwickelt im Kontext des Programms „Förderung von Kindern und Jugendlichen mit Migrationshintergrund (FörMig)“, das von 2004 bis 2009 in zehn Bundesländern gefördert wurde (Gogolin, 2020). Seitdem haben Schulen aller Stufen, Landesinstitute für Bildung und Weiterbildungsinstitutionen in den verschiedenen Bundesländern diesen Ansatz übernommen und mit Leben gefüllt.

Unterricht in sprachlich heterogenen Klassen gehört immer mehr zum Alltag von Lehrkräften. Noch nicht überall selbstverständlich sind erfolgreiche Handlungsstrategien im Umgang mit sprachlicher Heterogenität. „Welche Gegenstände sollen bei der Sprachbildung in den Blick genommen werden? Wie kann ich sprachliche Heterogenität in meiner Unterrichtsplanung berücksichtigen? Welches übergeordnete Ziel verbindet unterschiedliche Ansätze und Methoden?“ – Fragen wie diese stellen sich nach wie vor für viele Lehrkräfte immer wieder neu.

Insbesondere unter dem Eindruck ‚neuer‘ Zuwanderung der letzten Jahre, etwa durch Schutzsuchende, werden die Herausforderungen, die sich durch sprachliche Heterogenität im schulischen Alltag stellen, als weiterwachsend empfunden. Tatsächlich ist der Anteil der Kinder und Jugendlichen mit Migrationshintergrund an der Schülerschaft seit ca. 2015 noch einmal angestiegen. 2018 betrug ihr Anteil in deutschen Schulen ca. 40 Prozent. Mehr als 70 Prozent dieser Gruppe – bei den unter 6-Jährigen sogar beinahe 90 Prozent – gehören der zweiten Generation an, sind also nicht selbst zugewandert (Autorengruppe Bildungsberichterstattung, 2020, S. 27). In der Folge der jüngsten Neuzuwanderung seit ca. 2015 waren viele Lehrkräfte erstmals mit der Herausforderung durch sprachliche Vielfalt konfrontiert, etwa im Rahmen von Aufnahmemaßnahmen, in denen oft auch die Folgen besonderer Belastungen anderer Art – etwa Traumata durch die Flucht – zu berücksichtigen sind. Inzwischen aber ist die Neuzuwanderung wieder deutlich rückgängig. Diese Entwicklung entspricht den historischen Erfahrungen mit Migration: Es gibt, je nach äußeren Anlässen wie Naturkatastrophen, ökonomischen Krisen oder Kriegen, wiederkehrend Phasen des Anstiegs und Phasen der Rückläufigkeit. Zugleich wiederholte sich in dieser jüngsten Zuwanderung das historische Muster, dass sie eine ‚Verjüngung‘ der Bevölkerung mit sich bringt: Die grenzüberschreitende Wanderung wird in der Regel von jungen Menschen auf sich genommen, und der Anteil der Kinder unter ihnen ist besonders hoch. Dies hat zur Folge, dass die Einrichtungen der Erziehung und Bildung in besonderer Weise mit Aufgaben konfrontiert sind, die sich infolge von Migrationen stellen – und sie müssen jederzeit mit neuen Formen der Neuzuwanderung rechnen.

Die Qualitätsmerkmale Durchgängiger Sprachbildung sind eine Hilfestellung bei der Bewältigung dieser Herausforderungen. Es handelt sich um eine Zusammenstellung von Merkmalen, Konkretisierungen, Beispielen und Hinweisen, wie Sprachbildung in allen Fächern umgesetzt werden kann. Beschrieben werden Eigenschaften und Besonderheiten eines *bildungssprachförderlichen* Unterrichts von hoher Qualität. Unter Qualität wird dabei verstanden: Allen Schülerinnen und Schülern wird ein Zugang zu Bildungssprache eröffnet, und ihnen wird so die Chance gegeben, sich die sprachlichen Fertigkeiten, die die Schule fordert, so umfassend wie möglich anzueignen. Der nach diesem konzeptionellen Ansatz erteilte Unterricht kann unter dem Begriff des „sprachsensiblen“ oder „sprachbewussten“ Unterrichts subsumiert werden – aber der Anspruch Durchgängiger Sprachbildung geht über Unterricht deutlich hinaus: Er richtet sich auf die Gestaltung von Schule insgesamt als Raum der sprachlichen Bildung.

Seit der Erarbeitung der Qualitätsmerkmale Durchgängiger Sprachbildung sind bereits zehn Jahre vergangen. Eine Aktualisierung der Handreichung wurde daher erforderlich. Die für die vorliegende Ausgabe vorgenommene Bearbeitung betrifft insbesondere die Ergänzung um praxisrelevante Angebote, die für die Umsetzung Durchgängiger Sprachbildung im schulischen Alltag nützlich sind. Darüber hinaus wurden Hinweise auf weiterführende Literatur aufgenommen, die seit der ersten Auflage erschienen ist. Nach wie vor sind die Hinweise für Lehrkräfte von der Grundschule bis in die Sekundarstufe II hilfreich.

Nachfolgend wird im ersten Teil der Kontext vorgestellt, in dem diese Handreichung erarbeitet, ergänzt und vertieft wurde. Im zweiten Teil wird der Aufbau der Merkmale skizziert und die einzelnen

1 EINLEITUNG

Merkmale werden erläutert. Abschließend werden Möglichkeiten zur Arbeit mit den Merkmalen vorgestellt.

TEIL 1

1.1 Hintergrund und Entwicklungsgeschichte der Qualitätsmerkmale Durchgängiger Sprachbildung

Die Qualitätsmerkmale Durchgängiger Sprachbildung sind der Ertrag einer Arbeitsgruppe des Modellprogramms FörMig (Förderung von Kindern und Jugendlichen mit Migrationshintergrund; www.foermig.uni-hamburg.de). Diesem Modellprogramm lag als ein Gedanke zugrunde, sprachliche Bildungsprozesse von Kindern und Jugendlichen über Schnittstellen hinweg durchgängig zu planen und zu gestalten – zwischen den beteiligten Bildungsstufen, Lernbereichen und Institutionen.

Die Arbeitsgruppe „Durchgängige Sprachbildung" hat sich im Mai 2006 gegründet, um sich mit einer Dimension Durchgängiger Sprachbildung intensiv zu befassen: Gemeinsame Zielperspektive war (und ist es auch noch), Sprachbildung im Unterricht aller Fächer umzusetzen. Fächerübergreifend soll Sprache als Medium des Lehrens und Lernens bewusst verwendet und gefördert werden. Durch praktische Erfahrungen sollte das Ziel der „Sprachbildung in allen Fächern" konzeptionell gefüllt werden, damit eine dafür geeignete Praxis systematisch in den Schulalltag integriert werden kann.

Sieben Modellschulen in fünf Bundesländern nahmen sich seit dem Schuljahr 2007/2008 dieser Aufgabe an: die Gesamtschule Duisburg-Meiderich, die Apollonia-von-Wiedebach-Schule in Leipzig, die Gesamtschule Rosenhöhe in Bielefeld, die Gesamtschule Kirchdorf in Hamburg, die Eberhard-Klein-Schule in Berlin, die Herbert-Grillo-Gesamtschule in Duisburg und die Realschule Friedrichsgabe in Norderstedt.

In der Arbeitsgruppe „Durchgängige Sprachbildung" arbeiteten Lehrkräfte aus den Modellschulen, Landeskoordinatorinnen und -koordinatoren des Modellprogramms FörMig und Mitglieder des FörMig-Programmträgers mit. Als die Arbeit aufgenommen wurde, gab es keine ausgearbeiteten Programme oder Modelle, wie eine Durchgängige Sprachbildung im Alltag einer gesamten Schule erfolgreich umgesetzt werden kann. Es ging vielmehr darum, die gemeinsamen Zielvorstellungen im Rahmen der jeweiligen didaktischen Ausrichtungen und der spezifischen pädagogischen Ziele der beteiligten Schulen zu entwickeln und zu erproben.

Unter den Modellschulen waren solche, deren Schülerinnen und Schüler in sehr benachteiligter sozialer Lage leben, und Schulen, die ein eher bürgerliches Umfeld haben. Einige hatten einen Anteil von 90 oder 100 Prozent an Kindern und Jugendlichen mit Migrationshintergrund, andere einen Anteil von 15 bis 20 Prozent. Die größte Schule wurde von über 1.400 Schülerinnen und Schülern besucht, die kleinste von gut 300. Einige Schulen hatten erst im Rahmen der Arbeitsgruppe begonnen, sich mit dem Thema Sprachbildung auseinanderzusetzen; andere hatten eine lange Tradition der Sprachförderung. Und genau diese Heterogenität erwies sich als Schatz: Die Schulen setzten sich in ihrer Arbeit unterschiedliche Schwerpunkte, z. B. Sprachbildung mit sozialräumlicher Öffnung und sozialem Lernen zu verbinden oder individualisiertes Lernen mit Durchgängiger Sprachbildung zu verknüpfen. Von den vielfältigen Erfahrungen konnten alle Schulen wechselseitig profitieren.

Die ersten Schulen begannen im Schuljahr 2007/2008, Durchgängige Sprachbildung in allen Fächern umzusetzen. In der Arbeitsgruppe wurden die Erfahrungen der Modellschulen zusammengetragen, Teilziele überprüft und Schwierigkeiten besprochen. Je vielfältiger die gelingenden Erfahrungen wurden, umso mehr stellte sich die Frage, was diese Erfahrungen verbindet: Wie kann ein gelungener bildungssprachförderlicher Unterricht beschrieben werden? Durch die Diskussion dieser Frage entstanden die „Merkmale". Dieser Prozess war nicht immer einfach. Die Merkmale und ihre Konkretisierungen wurden mehrmals überarbeitet, an der Realität überprüft, mit weiteren Beispielen illustriert, im Rahmen von Vorträgen, Workshops und Seminaren vorgestellt und nochmals überarbeitet. Die erste Publikation der Qualitätsmerkmale Durchgängiger Sprachbildung basierte auf den Aktivitäten aus den sieben FörMig-Modellschulen. Ebenfalls im Rahmen einer FörMig-Arbeitsgemeinschaft wurde auf der Grundlage der

Qualitätsmerkmale eine Handreichung erstellt, in der Praxisbeispiele mit Unterrichtssequenzen enthalten sind (Brandt & Gogolin, 2016).

In der nun vorliegenden überarbeiteten Auflage wurden die Qualitätsmerkmale Durchgängiger Sprachbildung durch Erfahrungen aus der Schul- und Unterrichtsentwicklung zahlreicher Schulen in verschiedenen Bundesländern, aus Fortbildungen zum Konzept der Durchgängigen Sprachbildung und begleiteten Entwicklungsprozessen ergänzt. Arrondiert werden die Praxiserfahrungen durch Hinweise auf weiterführende wissenschaftliche Publikationen.

TEIL 2

1.2 Begriffsklärungen: Allgemeinsprache – Bildungssprache – Herkunftssprachen

Den Qualitätsmerkmalen liegt ein Verständnis von *Allgemein- und Bildungssprache* als Register zugrunde, d.h. unterschiedliche Situationen erfordern einen unterschiedlichen Sprachgebrauch (siehe Erläuterungen zu allgemein- und bildungssprachlichen Situationen zu QM 1 in dieser Einleitung).

Im Sinne einer Durchgängigen Sprachbildung sind die Register Allgemeinsprache und Bildungssprache zusammen zu denken: Beide Register gehören zum sprachlichen Repertoire, das die Schülerinnen und Schüler in (und nach) der Schule brauchen. Aufgabe der Lehrkräfte ist es, die Schülerinnen und Schüler dabei zu unterstützen, sich ausgehend von der Allgemeinsprache die sprachlichen Mittel des Registers Bildungssprache anzueignen und diese auszubauen.

Zum Begriff Bildungssprache hat sich in den letzten Jahren eine lebendige wissenschaftliche Diskussion entwickelt, und der Begriff ist im praktischen und politischen Diskurs aufgegriffen worden. Ein Missverständnis wollen wir gern ansprechen: Bildungssprache ist nicht „eine Sprache" (wie Deutsch, Englisch oder Zaza), sondern ein Register (eine Gebrauchsform) jeder Sprache, das in einem formalen Bildungssystem gelehrt und in dem gelernt wird.

Es gibt mittlerweile weitere Ausdrucksweisen, die in dem Zusammenhang gebraucht werden und unterschiedliche Akzente setzen. Zum Beispiel: „Schulsprache" oder „Sprache der Schule" ist die Sprache (oder sind die Sprachen), die in der Schule alltäglich genutzt werden – unabhängig von dem Register, das gerade gebraucht wird. „Alltägliche Wissenschaftssprache" deutet auf das Kontinuum der Bildungskontexte hin bis zum tertiären Bereich, also Bildung in der Hochschule oder Universität. In der akademischen und in der beruflichen (Aus-)bildung erfährt das bildungssprachliche Register Erweiterungen, die mit dem Ausbau und der Spezialisierung von Wissen und Kompetenzen verbunden sind („Fachsprachen"). Für den Begriff Allgemeinsprache wird auch die Bezeichnung „Alltagssprache" verwendet.

Auch für die Sprachen, die die Schülerinnen und Schüler mitbringen, gibt es vielfältige Bezeichnungen, z.B. Muttersprache, Familiensprache, Erstsprache. In den Qualitätsmerkmalen verwenden wir den Begriff *Herkunftssprache*. Dieser Begriff ist in vielen Kontexten akzeptiert. Er verweist darauf, dass die betreffende(n) Sprache(n) mit der Herkunft der (Familie der) Schülerin oder des Schülers verbunden ist bzw. sind. Nicht im Vordergrund steht dabei, ob es sich um die Sprache(n) handelt, die als erste, zweite oder weitere gelernt wurde(n). Diese gegenüber anderen „neutralere" Bezeichnung fängt die sehr vielfältigen sprachlichen Konstellationen besser ein, in denen sich Schülerinnen und Schüler befinden. Das wird auch in der Bezeichnung „Herkunftssprachenunterricht (HSU)" deutlich – eines Bausteins, der bei Durchgängiger Sprachbildung immer mitzudenken ist.

Grundlegende Konzepte von Mehrsprachigkeit und Bildung und weitere zentrale Begriffe finden Sie im „Handbuch Mehrsprachigkeit und Bildung" (Gogolin, Hansen, McMonagle & Rauch, 2020)

1.3 Aufbau der sechs Qualitätsmerkmale

Die Qualitätsmerkmale betreffen Eigenschaften, die bei der Umsetzung eines bildungssprachförderlichen Unterrichts sinnvoll und notwendig sind. Sie sind als Ziele formuliert.

1 EINLEITUNG

Wie lässt sich konkret überprüfen, ob ein Merkmal Eingang in den Schullalltag gefunden hat? Hier sind Erfahrungen aus den Schulen zusammengefasst. Die so genannten *Konkretisierungen* beschreiben Handlungen auf Lehrer- und Schülerseite, die den einzelnen Merkmalen zugeordnet sind. Diese Handlungen wurden in den Modellschulen und seitdem auch in zahlreichen weiteren Schulen erprobt. Die Konkretisierungen werden durch Beispiele veranschaulicht. In den Rubriken *Praxishilfen* und *Weiterführende Literatur* finden sich Hinweise für die Unterrichtsgestaltung und zu Texten, die den aktuellen Wissenstand darstellen.

1.3.1 Zu den einzelnen Qualitätsmerkmalen

Allen sechs Qualitätsmerkmalen liegen die zwei folgenden Voraussetzungen zugrunde:

- die Bereitschaft, Sprachbildung durchgängig in allen Fächern umzusetzen, und
- die Wertschätzung der Mehrsprachigkeit der Schülerinnen und Schüler – verbunden mit der Bereitschaft, Mehrsprachigkeit zu fördern, wo es möglich ist.

Das erste Merkmal bezieht sich darauf, dass Bildungssprache eine Art der Sprachverwendung ist, die sich von dem, wie Schülerinnen und Schüler in ihrem Alltag mit Sprache umgehen, mehr oder weniger unterscheidet:

Die Lehrkräfte planen und gestalten den Unterricht mit Blick auf das Register Bildungssprache und stellen die Verbindung von Allgemein- und Bildungssprache explizit her.

Eine gezielte Förderung der Bildungssprache ist entscheidend für (schulischen) Bildungserfolg. Voraussetzung dafür ist es, dass Lehrkräfte, Schülerinnen und Schüler lernen, zwischen Allgemein- und Bildungssprache ausdrücklich zu unterscheiden.

Im alltäglichen Sprachgebrauch können sich die Sprecherinnen und Sprecher in der Regel auf einen gemeinsamen Kontext, auf das Hier und Jetzt beziehen. Dies gilt auch für den Sprachgebrauch im Unterricht. So können die Lernenden z. B. bei einem Versuch im Fach Chemie ihr Handeln begleitend sagen: „Jetzt kippen wir das da rein." Wenn alle sehen, was geschieht, erübrigt es sich, alle Ereignisse zu versprachlichen. Verwendet werden hier sprachliche Mittel, die dadurch charakterisiert sind, dass sie den Regeln der konzeptionellen Mündlichkeit folgen.

In bildungssprachlichen Situationen hingegen beziehen sich die Sprecherinnen und Sprecher auf Inhalte, die sich nicht im unmittelbaren, gemeinsamen Erlebniskontext befinden. Entsprechend muss eine Schülerin oder ein Schüler in einer schriftlichen Versuchsbeschreibung sprachlich ausdrücken, worauf im direkten Kontext durch Mimik und Gestik verwiesen werden konnte: „Die Lösung wird in den Kolben gefüllt."

Bildungssprachliche Äußerungen und Texte sind sowohl mündlich als auch schriftlich durch raumzeitliche Distanz geprägt. Um diesem Anspruch zu entsprechen, sind sprachlich anspruchsvolle Ausdrucksweisen notwendig, z. B. differenzierende und abstrahierende Ausdrücke („füllen" statt „reinkippen"), Fachbegriffe, die sich von allgemeinsprachlichen Wörtern in ihrer Bedeutung unterscheiden („Lösung" als Bezeichnung für eine Flüssigkeit, „Kolben" als Bezeichnung für ein Gefäß), unpersönliche Konstruktionen („wird gefüllt" statt „wir kippen rein") und vielfach fach- oder fächergruppentypische Textsorten (z. B. Versuchsberichte im naturwissenschaftlichen Bereich). Je nach dem Kontext, in dem sprachliches Handeln in der Schule, im Unterricht geschieht, sind also stärker allgemeinsprachliche oder stärker bildungssprachliche Ausdrucksweisen *funktional,* und eine hohe sprachliche Kompetenz zeichnet sich dadurch aus, dass eine Person imstande ist, sich für die dem jeweiligen Kontext funktional angemessene Ausdrucksweise zu entscheiden.

Im ersten Merkmal sind daher Konkretisierungen zusammengefasst, wie Lehrkräfte die Schülerinnen und Schüler darin unterstützen können, wichtige Unterschiede zwischen Allgemein- und Bildungssprache zu erkennen und sich für die jeweils angemessene Ausdrucksweise zu entscheiden. Der Fokus liegt dabei auf der Unterrichtsgestaltung. Es geht um eine bewusste Planung der Sequenzen des Unterrichts, in denen ein alltäglicher, an Mündlichkeit orientierter Sprachgebrauch bei der Aneignung von Inhalten sinnvoll und angemessen ist (z. B. um Schülerinnen und Schülern erste thematische Zugänge im Rahmen einer Gruppenarbeit zu eröffnen) und wann bildungssprachliche Äußerungen erwartet werden (z. B. bei der Präsentation der Ergebnisse der Gruppenarbeit). Die jeweiligen Situationen sollten den Schülerinnen und Schülern explizit verdeutlicht werden, denn nur so kommen sie dazu, die an sie gestellten Erwartungen auch erfüllen zu können.

Das zweite Merkmal bezieht sich auf die Notwendigkeit und die Möglichkeiten, die sprachlichen Lernstände der Schülerinnen und Schüler ressourcenorientiert bei der Planung von Unterricht zu berücksichtigen:

Die Lehrkräfte diagnostizieren die individuellen sprachlichen Voraussetzungen und Entwicklungsprozesse.

Die bewusste Planung von Unterricht im Hinblick auf die Förderung des Registers Bildungssprache ist dann möglich, wenn klar ist, welche Ressourcen die Schülerinnen und Schüler mitbringen und wo sie in ihrer Sprachaneignung stehen. Die bewusste Unterstützung auf dem Weg sich das Register Bildungssprache anzueignen ist möglich, wenn der sprachliche Lernstand erhoben wird und die Lehrkraft dokumentiert, welche sprachlichen Lernaufgaben schon bewältigt wurden und welche Aneignungsaufgaben als nächstes anstehen. Im Modellprogramm FörMig wurden Vorschläge für diese Form der Sprachdiagnostik entwickelt. Seitdem sind die Entwicklungen in diesem Gebiet weiter vorangeschritten und es gibt Verfahren, die auch die Voraussetzungen mehrsprachiger Schülerinnen und Schüler berücksichtigen. Im Zusammenhang mit der Erhebung und Dokumentation sprachlicher Lernstände geht es auch darum, das sprachliche Lernen gemeinsam zu planen – in der Kommunikation der Lehrkräfte untereinander und in der Kommunikation von Lehrkräften mit ihren Schülerinnen und Schülern. Wenn irgend möglich, ist auch eine Diagnostik der familiensprachlichen Kenntnisse und Fähigkeiten angebracht, denn auch sie gehören zu den Ressourcen für die Aneignung bildungssprachlicher Kompetenz. Aus dem Programm FörMig stehen einige Instrumente für die Diagnostik familiensprachlicher Fähigkeiten zur Verfügung, die sich bewährt haben. Aber auch andere Wege, sich ein Bild darüber zu machen, können hilfreich sein – dazu gehören u. a. das Gespräch mit den Schülerinnen und Schülern oder Eltern über ihre familiale Sprachpraxis sowie Selbsteinschätzungen der Schülerinnen und Schüler.

Im dritten Merkmal wird die Verantwortung aller Lehrkräfte betont, die Schülerinnen und Schüler in der Ausbildung sprachlicher Kompetenzen in den Bereichen Hören, Lesen, Sprechen und Schreiben aktiv zu unterstützen – und diese Kompetenzen nicht als gegeben vorauszusetzen:

Die Lehrkräfte stellen allgemein- und bildungssprachliche Mittel bereit und modellieren diese.

Dieses Merkmal bezieht sich – in Ergänzung zum ersten Merkmal – auf die Umsetzung im Unterricht selbst. Für folgende Bereiche sind hier Konkretisierungen zusammengetragen, wie Lehrkräfte Methoden einsetzen können, um Schülerinnen und Schüler beim Erwerb differenzierter sprachlicher Mittel zu unterstützen: Aufgabenstellungen, Wortschatzarbeit, Sprachrezeption (Hören und Lesen), Sprachproduktion (Sprechen und Schreiben). Die Formulierung „modellieren" verdeutlicht, dass die Lehrkräfte die jeweils notwendigen sprachlichen Mittel dem Entwicklungsstand der Schülerinnen und Schüler und dem Unterrichtsgegenstand entsprechend gestalten.

Im vierten Merkmal wird der Blick auf die Aktivitäten der Schülerinnen und Schüler im Unterricht gelenkt:

Die Schülerinnen und Schüler erhalten viele Gelegenheiten, ihre allgemein- und bildungssprachlichen Fähigkeiten zu erwerben, aktiv einzusetzen und zu entwickeln.

1 EINLEITUNG

Das vorhergehende Merkmal fokussiert auf die Tätigkeiten der Lehrkräfte im Unterricht. In Merkmal 4 stehen die Aktivitäten der Schülerinnen und Schüler im Mittelpunkt. Allgemeinsprache ist nicht nur ‚mündliche Sprache', sondern kommt auch im Schriftlichen vor – etwa in privaten Briefen, in niedergeschriebenen Dialogen, in Chats, im Internet oder im Austausch von Textnachrichten über Messenger. Bildungssprache wiederum ist nicht auf den schriftlichen Ausdruck beschränkt, sondern kommt auch im Sprechen vor – etwa beim Vortrag oder in formellen Situationen. Deshalb geht es bei den Konkretisierungen sowohl um die Grundlagen für ein sprachförderliches Unterrichtsklima allgemein als auch um die einzelnen Bereiche Hören, Lesen, Sprechen und Schreiben. Die Gelegenheiten, sprachliche Fähigkeiten zu entwickeln, sind ganzheitlich angelegt.

Im fünften Merkmal geht es um Formen binnendifferenzierter Aufgabenstellungen und um individualisiertes Lernen auch mithilfe digitaler Medien:

Die Lehrkräfte unterstützen die Schülerinnen und Schüler in ihren individuellen Sprachbildungsprozessen.

Dieses Merkmal knüpft an das zweite Merkmal an, die Diagnose individueller sprachlicher Voraussetzungen. Es geht um die anschließende Unterstützung der Sprachbildungsprozesse, die von den Schülerinnen und Schülern selbst auch außerhalb des Unterrichts vollzogen werden. Im Unterricht von sprachlich heterogenen Gruppen spielen binnendifferenzierte Aufgaben eine wichtige Rolle. Sie verhelfen dazu, dass Anforderungen, die die Sache (den Inhalt) betreffen, bewältigt werden können – ohne dass die Bearbeitung an den sprachlichen Anforderungen scheitert. Ergänzend ist es hilfreich, ein reiches Angebot an sprachlichen Hilfsmitteln bereitzustellen und die Schülerinnen und Schüler dabei Routine erlangen zu lassen, wie sie souverän und autonom damit umgehen. So sollten die Lernenden befähigt werden, selbst auszuwählen, welche Hilfen sie wann nutzen wollen, um sich Inhalte anzueignen und angemessen schriftlich oder mündlich zu präsentieren.

Das sechste Merkmal bezieht sich auf die Bedeutung der laufenden Beobachtung, Erfassung und Rückmeldung (Feedback) von Lernstand und Lernfortschritten:

Die Lehrkräfte und die Schülerinnen und Schüler überprüfen und bewerten die Ergebnisse der sprachlichen Bildung.

In diesem Merkmal wird die gemeinsame Verantwortung von Lehrkräften und Lernenden gegenüber der sprachlichen Bildung betont. Konstruktive, dialogische Rückmeldungen und Korrekturen ermöglichen den Schülerinnen und Schülern nicht nur, aus Fehlern zu lernen, sondern auch, ein positives Selbstbild als erfolgreich Lernende zu entwickeln. So können sie die anstehenden sprachlichen Herausforderungen schrittweise bewältigen und ihren sprachlichen Bildungsprozess zunehmend selbst steuern.

Die sechs Merkmale sind Teil eines Ganzen – einzelne Merkmale allein versprechen noch keinen Erfolg. Aber sie sind auch nicht ‚abzuarbeiten' wie ein Kochrezept. Sie verhalten sich vielmehr zueinander wie die Stoffstücke einer Patchworkdecke: Es finden sich einige Stoffe häufiger wieder als andere, aber erst alle Stoffstücke zusammen ergeben ein Bild und sind groß genug, um die bildungssprachlichen Anforderungen in der Schule abzudecken. Die Anerkennung von Mehrsprachigkeit und das Ziel, sie – wo immer möglich – zu fördern, bilden gleichsam den roten Faden, mit dem die Stoffstücke miteinander vernäht sind. Hierbei geht es nicht zuletzt darum zu verwirklichen, was ohne jeden Zweifel zu den wichtigsten Voraussetzungen für erfolgreiches Lernen gehört: ein positives, motivierendes und die Lernenden kognitiv herausforderndes Klima zu schaffen, in dem Kinder und Jugendliche besonders gut lernen können, weil sie lernen wollen.

1.3.2 Die Nutzung der Qualitätsmerkmale Durchgängiger Sprachbildung: Planung, Reflexion und Verständigung

Die Qualitätsmerkmale können vielfältig eingesetzt werden:

- Möchte eine Schule oder ein Jahrgangsteam Durchgängige Sprachbildung in allen Fächern umsetzen, so bieten sie eine Einführung. Die

Merkmale stecken die Bereiche ab, über die sich das Kollegium oder das Jahrgangsteam verständigen sollte: Welche Erfahrungen haben wir zu den einzelnen Bereichen? Wer kann welche Expertise einbringen? Worauf können wir aufbauen? In welchen Gremien und Gruppen sollen die Bereiche besprochen werden? Wozu wollen wir uns eventuell Hilfe von außen holen?

- Die Merkmale und Konkretisierungen ermöglichen eine Bestandsaufnahme: Welche Handlungen sind bereits Teil des Unterrichts? Welche Handlungen sind noch nicht vertraut? Welche Konkretisierungen interessieren uns besonders? Wo möchten wir als Team ansetzen?
- Schließlich können die Merkmale zur systematischen Planung eingesetzt werden: Mit welchem Bereich möchten wir beginnen? Was sind erreichbare Ziele, auf die wir uns im Kollegium gemeinsam verständigen können? Welche Wege beschreiten wir, um zu prüfen, ob wir unsere Ziele erreichen?

Um die Verständigung im Kollegium oder im schulischen Netzwerk zu erleichtern, beinhaltet Teil 4 ein Glossar, in dem wichtige Begriffe knapp und verständlich erläutert werden. Diese Begriffe sind im Teil 3, den einzelnen Qualitätsmerkmalen also, mit einer Pfeilspitze gekennzeichnet. Wir weisen in der überarbeiteten Auflage außerdem auf drei geeignete, umfassende Glossare hin, in denen weitere relevante Begriffe im Feld der Sprachbildung erklärt werden. Sie sind open access verfügbar und können so mit Kolleginnen und Kollegen geteilt werden, um ein gemeinsames Verständnis der Begriffe zu entwickeln.

Die Erfahrungen aus der Praxis von Schulen sind ermutigend. Keine Schule hat von Beginn an alle Qualitätsmerkmale in Angriff genommen. Es hat sich vielmehr gezeigt, dass eine schrittweise Umsetzung sinnvoll ist – zum Beispiel:

- Es gibt an der Schule Verfahren der Sprachdiagnose, die eingesetzt werden (Q 2)? Dann kann im Kollegium gemeinsam überlegt werden, wie die Diagnoseergebnisse für die Unterrichts- und Förderplanung fächerübergreifend genutzt werden können (z. B. weiter mit Q 1).
- Im Jahrgang wird gerade überlegt, wie der Wortschatz in einzelnen Fächern gefördert werden kann und die Lehrkräfte wollen Verabredungen treffen, wie sie die Wortschatzarbeit mit Wörterlisten oder Glossaren einheitlich an ihrer Schule umsetzen (Q 3)? Die Lehrkräfte einer Schule überlegen, wie sie die Schülerinnen und Schüler in ihrem Sprachbildungsprozess bestmöglich unterstützen können? Dann sollten sie ihren Unterricht frühzeitig auf den Erwerb bildungs- und fachsprachlicher Kompetenzen ausrichten, ein Überangebot an sprachlichen Mitteln bereitstellen und gemeinsam überlegen und Verabredungen treffen, welche fächerübergreifend nützlichen Hilfsmittel für die differenzierte Förderung allgemein- und bildungssprachlicher Redemittel bereitgestellt werden können (z. B. weiter in Q 3 oder weiter mit Q 4).
- Im Schulprogramm haben individuelle Förderung und binnendifferenziertes Arbeiten einen hohen Stellenwert? Dann bietet es sich an, diesen Ansatz zu systematisieren (Q 5). Hierzu sollte die Schule ein Konzept entwickeln, wie die Überarbeitungskompetenz der Schülerinnen und Schüler erweitert und das selbstregulierte Lernen durch Feedback unterstützt werden können (Q 6).

In der vorliegenden überarbeiteten Auflage haben wir den Originalbeitrag „Sprachbildung als Inhalt im Lehramtsstudium“ von Tobias Schroedler aufgenommen. Der Beitrag richtet sich an Lehrkräfte, die mit den Qualitätsmerkmalen arbeiten und an einem Überblick interessiert sind, welche Inhalte künftige Kolleginnen und Kollegen aus ihrem Studium in die Sprachbildungsarbeit der Schule einbringen können.

An der Optimierung von Durchgängiger Sprachbildung wird in vielen Kontexten weitergearbeitet – in einzelnen Schulen ebenso wie in Landesinstituten und Einrichtungen der Lehrerweiterbildung, aber auch in Forschungsverbünden und Universitäten. Eine Einrichtung, in der Forschungs- und Entwicklungsarbeiten vorangetrieben werden und der Stand der Dinge weiter beobachtet wird, ist die Forschungsgruppe „DivER – Diversity in Education Research“ der Universität Hamburg. Auf den Websites der Gruppe www.diver.uni-hamburg.de und www.mehrsprachigkeit.uni-hamburg.de werden laufend Informationen über neue Entwicklungen in Forschung und Praxis publiziert. Die Mitglieder dieser Einrichtung stehen auch gern als Ansprechpartnerinnen und Ansprechpartner zur Verfügung.

1 EINLEITUNG

Literaturverzeichnis

Autorengruppe Bildungsberichterstattung. (2020). *Bildung in Deutschland: Ein indikatorengestützter Bericht mit einer Analyse zu Bildung in der digitalen Welt*. https://doi.org/10.3278/6001820gw

Brandt, H., & Gogolin, I. (2016). *Sprachförderlicher Fachunterricht: Erfahrungen und Beispiele.* FörMig Material: Band 8. Münster, New York: Waxmann.

Gogolin, I. (2020). Durchgängige Sprachbildung. In I. Gogolin, A. Hansen, S. McMonagle, & D. Rauch (Hrsg.), *Handbuch Mehrsprachigkeit und Bildung.* Wiesbaden: Springer VS.

Gogolin, I., Hansen, A., McMonagle, S., & Rauch, D. (Hrsg.). (2020). *Handbuch Mehrsprachigkeit und Bildung*. Wiesbaden: Springer VS.

2 QUALITÄTSMERKMALE

SPRACHBILDUNG FINDET DURCHGÄNGIG IN ALLEN FÄCHERN STATT. DIE LEHRKRÄFTE SCHÄTZEN UND FÖRDERN DIE MEHRSPRACHIGKEIT DER SCHÜLERINNEN UND SCHÜLER.

Qualitätsmerkmale für Sprachbildungsnetzwerke

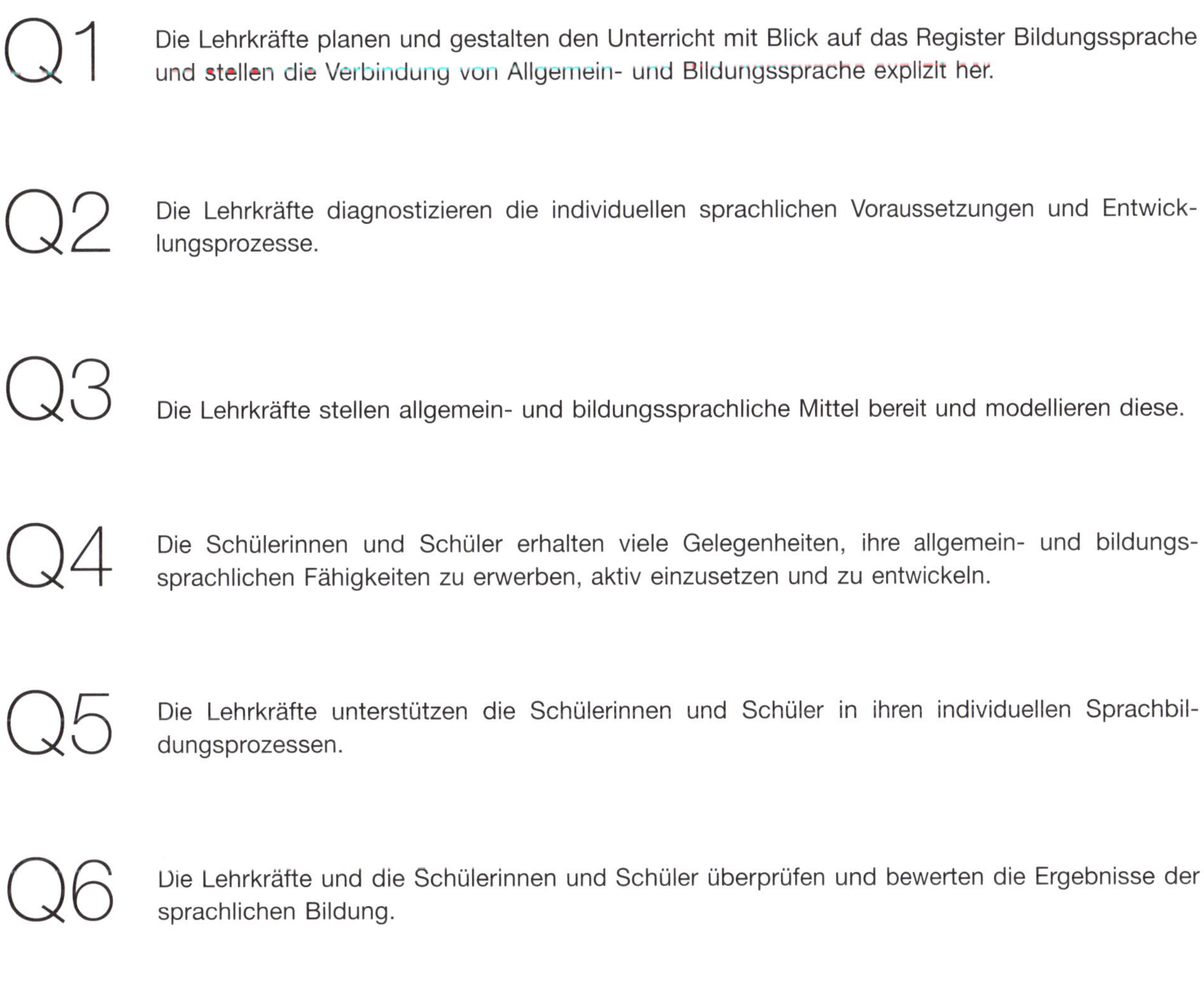

Q1 Die Lehrkräfte planen und gestalten den Unterricht mit Blick auf das Register Bildungssprache und stellen die Verbindung von Allgemein- und Bildungssprache explizit her.

Q2 Die Lehrkräfte diagnostizieren die individuellen sprachlichen Voraussetzungen und Entwicklungsprozesse.

Q3 Die Lehrkräfte stellen allgemein- und bildungssprachliche Mittel bereit und modellieren diese.

Q4 Die Schülerinnen und Schüler erhalten viele Gelegenheiten, ihre allgemein- und bildungssprachlichen Fähigkeiten zu erwerben, aktiv einzusetzen und zu entwickeln.

Q5 Die Lehrkräfte unterstützen die Schülerinnen und Schüler in ihren individuellen Sprachbildungsprozessen.

Q6 Die Lehrkräfte und die Schülerinnen und Schüler überprüfen und bewerten die Ergebnisse der sprachlichen Bildung.

QUALITÄTSMERKMAL 1

DIE LEHRKRÄFTE PLANEN UND GESTALTEN DEN UNTERRICHT MIT BLICK AUF DAS REGISTER BILDUNGSSPRACHE UND STELLEN DIE VERBINDUNG VON ALLGEMEIN- UND BILDUNGSSPRACHE EXPLIZIT HER.

Konkretisierung

Die Lehrkräfte kennen die Unterschiede zwischen verschiedenen sprachlichen Registern – von der Allgemein- bis zur Bildungssprache. Sie stellen im Unterricht explizit Verbindungen zwischen den Registern her. Sie planen den Unterricht daraufhin, die sprachlichen Fähigkeiten der Schülerinnen und Schüler in Richtung Bildungssprache zu erweitern.

Die Lehrkräfte berücksichtigen sprachliche Heterogenität bei ihrer Unterrichtsplanung.

Die Lehrkräfte analysieren die sprachlichen Anforderungen des Unterrichts, den sie planen, und vergleichen sie mit dem Vorwissen der Schülerinnen und Schüler.

Die Lehrkräfte überprüfen das Unterrichtsmaterial auf seine sprachlichen Anforderungen. Wenn nötig, ergänzen sie es um Hilfen zur Bewältigung der Anforderungen.

Die Lehrkräfte stellen offene, problemorientierte Aufgaben, die komplexe ▶Sprachhandlungen herausfordern.

Die Lehrkräfte aktivieren das Vorwissen der Schülerinnen und Schüler und stellen die sprachlichen Mittel dazu bereit, damit sie ein Unterrichtsthema der Sache nach verstehen und bewältigen können.

Die Lehrkräfte nehmen ihre Schülerinnen und Schüler mit auf den Weg des bildungssprachlichen Lernens. Sie machen

- die Unterschiede zwischen sachlichen und sprachlichen Anforderungen und
- die situativ unterschiedlichen Anforderungen an das Sprechen und Schreiben, Hören und Lesen (Allgemein-/Bildungssprache)

ausdrücklich zum Thema, und sie informieren über die im aktuellen Unterricht jeweils im Zentrum stehende(n) sachliche(n) und sprachliche(n) Anforderung(en).

Die Lehrkräfte setzen an der Erfahrungswelt der Schülerinnen und Schüler an und beziehen diese ein. Sie ermuntern die Schülerinnen und Schüler, dabei ihre herkunftssprachlichen Kenntnisse und Fähigkeiten einzusetzen.

Die Lehrkräfte geben den Schülerinnen und Schülern regelmäßig Gelegenheit, sich zu einem Thema schriftlich und mündlich zu äußern und durch Vergleiche die Anforderungen an beide Handlungsformen zu erkennen.

Beispiele

Um allen Beteiligten die Bedeutung des sprachlichen Lernens vor Augen zu halten, sind ▶Lernplakate zur Bildungssprache nützlich.

Hilfreich für den sprachbewussten Umgang mit Aufgabenstellungen ist es, Verstehenskontrollen und ▶Reformulierungsaufgaben einzuplanen.

Es hat sich bewährt, das jeweilige sprachliche Ziel eines Unterrichts ausdrücklich bekanntzugeben und, etwa durch einen Tafelanschrieb, präsent zu halten (z. B.: Heute geht es um die Unterschiede zwischen Wörtern für „teilen" im Fach Mathematik und im Alltag).

Die Lehrkräfte machen Unterschiede zwischen sachlichen und sprachlichen Anforderungen ausdrücklich zum Thema (z. B.: „Heute beschreiben wir einen Versuch. Dabei wollen wir besonders auf ▶Konditionalsätze achten.")

Arbeitsblätter sind sprachlernförderlich gestaltet, z. B. durch Angeben von Begriffsklärungen, vereinfachte Texte, vergrößerte Schrift, gegliederten Text, ▶didaktisierte Leseaufträge.

Die Lehrkräfte setzen sprachlernförderliche Werkzeuge ein, z. B. ►Filmleiste, ►Wortgeländer, ►Ideennetz, ►Bildergeschichte, ►Strukturdiagramm.

Praxishilfen

Als Grundlage für die Verständigung zwischen Lehrkräften über sprachliche Mittel gibt es hilfreiche didaktische Instrumente, vgl. z. B.

Landesinstitut für Lehrerbildung und Schulentwicklung (Hrsg.). (2015). *Das Konzept des „Grammatischen Geländers" für die Unterrichtspraxis. Deutsch als Zweitsprache erfolgreich unterrichten.* Hamburg. Der Materialordner bietet Lehrkräften für Deutsch als Zweitsprache Hintergrundinformationen, Unterrichtsmaterialien und Hinweise zum Einsatz. Verfügbar unter https://li.hamburg.de/publikationen-2015/4510780/grammatisches-gelaender/

Leisen, J. (2013). *Handbuch Sprachförderung im Fach. Sprachsensibler Fachunterricht in der Praxis.* Stuttgart: Ernst Klett Sprachen. Das Buch bietet Hintergrundwissen sowie Anregungen zur Didaktik und Methodik eines sprachsensiblen Unterrichts. Auf der Website von Leisen stehen zahlreiche Dokumente für die Praxis. Verfügbar unter http://www.sprachsensiblerfachunterricht.de/

Neugebauer, C., & Nodari, C. (2012). *Förderung der Schulsprache in allen Fächern. Praxisvorschläge für Schulen in einem mehrsprachigen Umfeld. Kindergarten bis Sekundarstufe I.* Bern: Schulbuchverlag. Die zum Buch gehörige Website enthält Kurzfilme aus dem Schulalltag sowie Arbeitsblätter zur Unterrichtsvorbereitung.

Projekt „Sprachsensibles unterrichten fördern" (2015–2019). Im Team von Forschenden und Lehrkräften wurden Materialien zur sprachlichen Bildung entwickelt. Die Website bietet auch Lernlandkarten sowie Schulporträts und das Planungsinstrument zur sprachsensiblen Schulentwicklung u. a. Unterrichtsbeispiele für verschiedene Fächer, Videos, Lernlandkarten oder Bildvokabeln. Verfügbar unter http://sprachsensibles-unterrichten.de/

Projekt „Sprache – Bilden – Chancen" (2017). Entwickelt wurden sprachbildende Lernaufgaben für die Grundschule, Sekundarstufe und für die berufliche Bildung. Die Website bietet eine kommentierte Methodenauswahl sowie ein Manual zur Sprachbildung in den Fächern. Verfügbar unter https://www.sprachen-bilden-chancen.de/

Quehl, T., & Trapp, U. (2015). *Wege zur Bildungssprache im Sachunterricht. Sprachbildung in der Grundschule auf der Basis von Planungsrahmen.* Münster: Waxmann. Die Handreichung unterstützt Lehrkräfte im Sachunterricht darin, fachliches und sprachliches Lernen zu verbinden.

Schulportraits der FörMig-Modellschulen zeigen, wie Lehrkräfte planvoll ihren Unterricht in Hinblick auf das Register Bildungssprache gestalten. Verfügbar unter https://www.foermig.uni-hamburg.de/kompetenzzentrum/ag-durchgaengige-sprachbildung/modellschulen-bis-2009.html

Tajmel, T., & Hägi-Mead, S. (2017). *Sprachbewusste Unterrichtsplanung. Prinzipien, Methoden und Beispiele für die Umsetzung.* FörMig Material: Band 9. Münster: Waxmann. Die sprachlichen Lernziele des Fachunterrichts zu kennen und systematisch zu verfolgen, steht im Mittelpunkt des Buches. Es bietet eine praxiserprobte Anleitung, wie eine sprachbewusste Unterrichtsplanung gestaltet werden kann (mit Planungsrahmen und Konkretisierungsrastern).

Themenportal „Berufssprache Deutsch", eine vom Staatsinstitut für Schulqualität und Bildungsforschung München eingerichtet Website bietet speziell für den berufsbildenden Bereich sprachsensible und handlungsorientierte Unterrichtskonzepte. Verfügbar unter http://www.berufssprache-deutsch.bayern.de/

Zum Konzept der durchgängigen Sprachbildung, zur Bildungsvoraussetzung Mehrsprachigkeit, zur sprachbewussten Unterrichtsplanung und zum sprachförderlichen Fachunterricht informieren grundlegend:

Brandt, H., & Gogolin, I. (2016). *Sprachförderlicher Fachunterricht. Erfahrungen und Beispiele.* FörMig Material: Band 8. Münster: Waxmann. Gezeigt und kommentiert werden Ideen und Erfahrungen von Lehrkräften aus der FörMig-Arbeitsgruppe „Durchgängige Sprachbildung". Der Band enthält eine DVD mit Beispielsequenzen aus dem Unterricht.

Mercator-Institut für Sprachförderung und Deutsch als Zweitsprache. Zu allen Dimensionen der Durchgängigen Sprachbildung forscht und entwickelt das Institut Konzepte, Instrumente und Maßnahmen. Verfügbar unter https://www.mercator-institut-sprachfoerderung.de/de/institut/. Die Entwicklungen stehen in engem Zusammenhang mit der bundesweiten Initiative „Bildung durch Sprache und Schrift – BiSS“ (Verfügbar unter https://biss-sprachbildung.de/).

Quehl, T., & Trapp, U. (2013). *Sprachbildung im Sachunterricht der Grundschule. Mit dem Scaffolding-Konzept unterwegs zur Bildungssprache.* FörMig Material: Band 4. Münster: Waxmann. Die Übergänge zwischen Alltags-, Fach- und Bildungssprache mit dem sogenannten Scaffolding-Konzept zu planen und zu gestalten, ist Gegenstand dieser Handreichung.

Scheinhardt-Stettner, H. (2017). *Das Projekt ‚Sprachsensible Schulentwicklung'. Erfahrungen und Konzepte zur Umsetzung in Schulen.* Landesweite Koordinierungsstelle Kommunale Integrationszentren (LaKI) NRW (Hrsg.). Arnsberg. Dokumentiert wird, wie sich 33 Schulen gemeinsam der Aufgabe gewidmet haben, eine Gesamtkonzeption Durchgängiger Sprachbildung systematisch zu verankern. Der Band enthält zahlreiche Anregungen für die Praxis. Die Website bietet neben dem Buch auch Lernlandkarten sowie Schulporträts und das Planungsinstrument zur sprachsensiblen Schulentwicklung. Verfügbar unter https://www.stiftung-mercator.de/de/publikation/das-projekt-sprachsensible-schulentwicklung/

Schmölzer-Eibinger, S., Dorner, M., Langer, E., & Helten-Pacher, M. (2013). *Handbuch Sprachförderung im Fachunterricht in sprachlich heterogenen Klassen.* Stuttgart: Fillibach bei Klett. Das Handbuch basiert auf der Analyse von 80 Unterrichtssequenzen verschiedener Fächer und zeigt didaktische Konzepte und Modelle für einen sprachbewussten Fachunterricht.

Zu Mehrsprachigkeit und Sprachbildung informiert umfassend die Website der Universität Hamburg, International und Interkulturell Vergleichende Erziehungswissenschaft. Verfügbar unter https://www.diver.uni-hamburg.de

Weiterführende Literatur

Becker-Mrotzek, M., & Roth, H.-J. (Hrsg.). (2017). *Sprachliche Bildung – Grundlagen und Handlungsfelder.* Münster: Waxmann. Das Buch bietet einen Überblick über zentrale Fragestellungen, Handlungsfelder und Herausforderungen im Bereich der sprachlichen Bildung.

BiSS-Trägerkonsortium (Hrsg.). (2019). *Handreichung Sprachbezogene Unterrichtsentwicklung – Sprachliche Bildung im Elementarbereich. Konzepte und Berichte aus der Praxis.* Bielefeld: wbv Media. Verfügbar unter https://doi.org/10.3278/6004688w Diese Handreichung stellt Maßnahmen zur Umsetzung eines sprachbildenden Unterrichts anhand von Grundlagen- und Praxisberichten dar, die zur Inspiration für die eigene Unterrichtsentwicklung genutzt werden können.

Dobutowitsch, F., Neumann, U., Michel, U., & Salem, T. (2013). *Netzwerke für durchgängige Sprachbildung 2. Qualitätsmerkmale für Sprachbildungsnetzwerke.* FörMig Material: Band 6. Münster: Waxmann. Diese Handreichung fasst Erfahrungen aus der Praxis in der Zusammenarbeit in Sprachbildungsnetzwerken zu neun Qualitätsmerkmalen zusammen.

Gogolin, I., Lange, I., Michel, U., & Reich, H. H. (Hrsg.). (2013). *Herausforderung Bildungssprache – und wie man sie meistert.* FörMig Edition: Band 9. Münster: Waxmann. Der Band liefert eine theoretische Fundierung des Konzepts der durchgängigen Sprachbildung ebenso wie illustrative Beispiele für die Realisierung in der Praxis.

Salem, T., Neumann, U., Michel, U., & Dobutowitsch, F. (Hrsg.). (2013). *Netzwerke für durchgängige Sprachbildung 1. Grundlagen und Fallbeispiele.* FörMig Material: Band 5. Münster: Waxmann. Das Buch zeigt, wie durch Kooperation und Vernetzung als Strukturprinzip die Kontinuität der Sprachbildung an den Übergängen im Bildungssystem gesichert und die Zusammenarbeit verschiedener Instanzen initiiert und aufeinander abgestimmt werden kann.

QUALITÄTSMERKMAL 2

DIE LEHRKRÄFTE DIAGNOSTIZIEREN DIE INDIVIDUELLEN SPRACHLICHEN VORAUSSETZUNGEN UND ENTWICKLUNGS-PROZESSE.

Konkretisierung

Die Lehrkräfte ermitteln zu prägnanten Zeitpunkten, z. B. dem Schuljahresbeginn, den sprachlichen Entwicklungsstand und Entwicklungsbedarf der Schülerinnen und Schüler.

Hierbei beziehen sie sich selbstverständlich bei allen Lernenden auf die deutsche Sprache. Wenn aber irgend möglich, holen sie bei Schülerinnen und Schülern mit einer anderen Herkunftssprache als Deutsch auch Informationen über den Entwicklungsstand in dieser Sprache ein (siehe z. B. die Niveaubeschreibungen Deutsch als Zweitsprache unter Diagnoseinstrumente; zu Portfolios siehe Qualitätsmerkmal 6).

Die Lehrkräfte diagnostizieren und dokumentieren prozessbegleitend und kriteriengestützt die Sprachentwicklung der Schülerinnen und Schüler in der deutschen Sprache.

Die Lehrkräfte versuchen, bei Schülerinnen und Schülern mit anderen Herkunftssprachen als Deutsch auch Informationen über die Entwicklung in diesen Sprachen zu erhalten. Folgendes gilt unabhängig davon, welche Sprache(n) beteiligt sind:

Die Lehrkräfte beurteilen schriftsprachliche Leistungen in Klassenarbeiten bzw. in ausführlichen Tests mit Hilfe von vereinbarten und transparenten Kriterien bzw. geeigneten Instrumenten.

Die Lehrkräfte gehen bei der Diagnose vom *Können* der Schülerinnen und Schüler aus und geben auch darauf bezogene Rückmeldungen.

Die Lehrkräfte nutzen die Resultate ihrer Diagnose für die Unterrichts- und Förderplanung.

Diagnoseverfahren

Die Zahl vorhandener Verfahren der Sprachdiagnose für das Deutsche ist in jüngerer Zeit stark gestiegen. Verfahren zur Ermittlung herkunftssprachlicher Fähigkeiten von Schülerinnen und Schülern sind hingegen nach wie vor in Deutschland kaum zu finden. Solche Verfahren werden weiter unten aufgeführt.

Die Verfahren sind für sehr unterschiedliche Zwecke geeignet. Sie unterscheiden sich nach

a) dem Ziel: Will man eher grundlegende Informationen über Sprachfähigkeiten erhalten oder geht es um eine spezifische Information, z. B. die Beherrschung einer bestimmten grammatischen Form? Geht es darum, die individuelle Aneignung im Verlauf zu beobachten oder darum zu entscheiden, ob ein Schüler oder eine Schülerin eine bestimmte Förderung erhalten soll?

b) dem Alter der Schülerinnen und Schüler: Ein Verfahren, das für Sechsjährige entwickelt wurde, ist bei deutlich älteren Schülern nicht aussagekräftig.

c) der Qualität: Ein Verfahren, dessen Güte nachweislich geprüft wurde, ist vertrauenswürdiger als eine Spontanentwicklung.

d) dem Kontext, in dem sie eingesetzt werden sollen: Ein Verfahren, das dem Austausch zwischen Lehrkräften einer Klasse dient, erfüllt andere Kriterien als ein Verfahren zur individuellen Diagnostik und Rückmeldung an die Lernenden.

Praxishilfen

Sprachdiagnostik als Grundlage für sprachliche Bildung ist ein Themenschwerpunkt des Mercator-Instituts für Sprachförderung und Deutsch als Zweitsprache.

Mercator-Institut für Sprachförderung (2015). *Sprachliche Entwicklungsstände, Lernpotenziale und Lernfortschritte erkennen.* Online-Bericht. Verfügbar unter https://www.mercator-institut-sprachfoerderung.de/de/themenportal/thema/sprachliche-entwicklungsstaende-lernpotenziale-und-lernfortschritte-erkennen/. Unter dem Beitrag finden sich unterschiedliche Verfahrenstypen und konkrete Instrument-Empfehlungen.

Empfohlene Diagnose-Tools, die sich im Programm „Bildung durch Sprache und Schrift – BiSS“ aus wissenschaftlicher Sicht bewährt haben, sind verfügbar unter https://biss-sprachbildung.de/angebote-fuer-die-praxis/tool-dokumentation/empfohlene-diagnostische-tools/.

Grießhaber, W., & Heilmann, B. (2012). *Diagnostik und Förderung – leicht gemacht. Deutsch als Zweitsprache. Ein Praxishandbuch.* Buch und DVD. Stuttgart: Klett Sprachen.

Ausgewählte Diagnoseverfahren für Deutsch als Zweitsprache Lernende

Testverfahren

LiSe DaZ – Linguistische Sprachstandserhebung – Deutsch als Zweitsprache: Es ist ein individualdiagnostisches Verfahren für Kinder mit Deutsch als Muttersprache (3 bis 6 Jahre) und Deutsch als Zweitsprache (3 bis 7 Jahre). Damit werden die sprachlichen Fähigkeiten in der Sprachproduktion und im Sprachverständnis erfasst. Aus den Ergebnissen können Förderinhalte abgeleitet werden. Verfügbar unter https://www.biss-sprachbildung.de/btools/linguistische-sprachstandserhebung-deutsch-als-zweitsprache-lise-daz/

SET 5–10 – Sprachstandserhebungstest für Kinder im Alter zwischen 5 und 10 Jahren. Dieses Verfahren bietet die Möglichkeit einer umfassenden Beurteilung des Sprachstands, woraus eine gezielte Förderung abgeleitet werden kann. Laut Manual ist es auch für Kinder mit Migrationshintergrund geeignet. Verfügbar unter https://www.biss-sprachbildung.de/btools/sprachstandserhebungstest-fuer-kinder-im-alter-zwischen-5-und-10-jahren-set-5-10/

WWT 6–10 – Wortschatz- und Wortfindungstest für 6- bis 10-Jährige. Hiermit können die semantisch-lexikalischen Fähigkeiten (expressiver und rezeptiver Wortschatz) von Kindern mit Deutsch als Erstsprache erfasst werden. In einer eingeschränkten Version ist das Instrument auch für zweisprachig Türkisch und Deutsch sprechende Kinder konzipiert. Verfügbar unter https://www.biss-sprachbildung.de/btools/wortschatz-und-wortfindungstest-fuer-6-bis-10-jaehrige-wwt-6-10/

ELFE II – Ein Leseverständnistest für Erst- bis Siebtklässler – Version II: Mit diesem Screening-Verfahren kann die Leseflüssigkeit, Lesegenauigkeit und das Leseverständnis von Schülerinnen und Schülern von Klasse 1 bis Klasse 7 getestet werden, einsetzbar als Einzel- und Gruppentest. Der Test wurde ursprünglich für deutschsprachige Kinder entwickelt. Es gibt aber Normen für Lernende des Deutschen als Zweitsprache. Verfügbar unter https://www.biss-sprachbildung.de/btools/elfe-ein-leseverstaendnistest-fuer-erst-bis-siebtklaessler/

C-Test: Getestet wird die allgemeine Sprachkompetenz in Deutsch von Schülerinnen und Schülern mit Deutsch als Zweitsprache. C-Tests können ab einem Alter von 10 Jahren in der Grund- und der Sekundarschule eingesetzt werden. Verfügbar unter https://www.biss-sprachbildung.de/btools/c-test/

Profilanalytische Verfahren

Profilanalyse nach Grießhaber: Hierbei handelt es sich um ein Verfahren, das die deutschen Sprachkenntnisse vornehmlich von Kindern und Jugendlichen mit Deutsch als Zweitsprache einschätzt. Grundlage sind Texte oder mündliche Erzählungen von Kindern, anhand derer die grammatische Komplexität (Wortstellung) oder mündliche Erzählfähigkeit analysiert wird. Es ist geeignet für verschiedene Altersgruppen und Schulformen vom Elementarbereich bis zur Sekundarstufe. Verfügbar unter https://www.biss-sprachbildung.de/btools/profilanalyse-nach-griesshaber-vereinfachter-profilbogen-nach-griesshaber/

VASE 4–8 – Verfahren zur Analyse der Sprachentwicklung mit Bildimpulsen bei vier- bis achtjährigen Kindern. VASE ist ein Instrument, das an HAVAS 5 (s.u.) orientiert ist und die sprachliche Entwicklung von Kindern bis zum Alter von 8 Jahren analysiert, unterteilt in den vorschulischen (VASE 4–6) und schulischen Bereich (VASE 6–8). Verfügbar unter http://www.peter-may.de/Komponenten/VASE.html. Das Material (Hinweisheft, Bildvorlage, Auswertungsbogen) ist kostenlos als Download oder zum Selbstkostenpreis in Papierform beim Institut für Bildungsmonitoring und Qualitätsentwicklung (IfBQ) zu bestellen. Verfügbar unter https://www.hamburg.de/bsb/ifbq-bildimpulse/

Beobachtungsverfahren

Unterrichtsbegleitende Sprachstandsbeobachtung Deutsch als Zweitsprache (2. Aufl.). Teil 1 Beobachtungsbogen für Volksschule und Sekundarstufe I. Bundesministerium für Bildung, Wissenschaft und Forschung Wien (Hrsg.). Verfügbar unter https://www.mariondoell.com/diagnosematerial.html. Es handelt sich um ein empirisch geprüftes Beobachtungsverfahren, das es Lehrkräften ermöglicht, die Aneignung des Deutschen als Zweitsprache von Kindern über mehrere Jahre (Primarbereich, Sekundarstufe I) hinweg individualdiagnostisch zu begleiten. Es wurde für österreichische Schulen entwickelt, kann aber auch in Deutschland im Primarbereich sowie in der Sekundarstufe (bis Klasse 8) eingesetzt werden.

Instrumente aus dem Kontext des Modellprogramms FörMig

Im Rahmen des Modellprogramms FörMig wurden sprachdiagnostische Verfahren entwickelt. Diese eignen sich für die Gewinnung vertiefter Informationen über mündliche (HAVAS 5) oder schriftliche Darstellungsfähigkeiten in verschiedenen Herkunftssprachen und dem Deutschen nach Bildimpulsen:

HAVAS 5 – geeignet für mündliche Erzählfähigkeiten am Übergang vom Elementarbereich in die Grundschule.

Fast Catch Bumerang – geeignet für schriftliche Fähigkeiten zur Schilderung eines Sachverhalts oder Vorgangs; einsetzbar in der Sekundarstufe I ab ca. Klasse 7.

Beide Instrumente werden vorgestellt in Lengyel, D., Reich, H.H., Roth, H.-J., & Döll, M. (Hrsg.). (2009). *Von der Sprachdiagnose zur Sprachförderung*. FörMig Edition: Band 5. Münster: Waxmann.

Der Sturz ins Tulpenbeet – geeignet für schriftliche Fähigkeiten zur Schilderung eines Sachverhalts oder Vorgangs; einsetzbar am Übergang von der Grundschule in die Sekundarstufe. Dieses Instrument wird vorgestellt in Klinger, T., Schwippert, K., & Leiblein, B. (Hrsg.). (2008). *Evaluation im Modellprogramm FörMig. Planung und Realisierung eines Evaluationskonzepts* (S. 209–237). FörMig Edition: Band 4. Münster: Waxmann.

Zur Beobachtung und Analyse schriftlicher Kompetenzen im Deutschen im Fachunterricht der Sekundarstufe I wurde im FörMig-Kontext ein Instrument entwickelt. Lengyel, D., & Roth, H.-J. (2012). Beobachtung der Schreibentwicklung in der Sekundarstufe I. In S. Fürstenau, & M. Gomolla (Hrsg.), *Migration und schulischer Wandel: Leistungsbeurteilung* (S. 123–136). Wiesbaden: VS für Sozialwissenschaften.

Zur Beobachtung und Beschreibung von Kompetenz und Kompetenzzuwächsen im Deutschen als Zweitsprache wurden ebenfalls im Rahmen von FörMig die „Niveaubeschreibungen Deutsch als Zweitsprache“ in Kooperation zwischen Sachsen und Schleswig-Holstein entwickelt und empirisch geprüft:

Landesamt für Schule und Bildung (Hrsg.). (2019). *Niveaubeschreibungen Deutsch als Zweitsprache für die Primarstufe* (2. Aufl.). Radebeul. Verfügbar unter https://publikationen.sachsen.de/bdb/artikel/14490

Landesamt für Schule und Bildung (Hrsg.). (2019). *Niveaubeschreibungen Deutsch als Zweitsprache für die Sekundarstufe I* (2. Aufl.). Radebeul. Verfügbar unter https://publikationen.sachsen.de/bdb/artikel/14477

Landesamt für Schule und Bildung (Hrsg.). (2019). *Niveaubeschreibungen Deutsch als Zweitsprache für die Sekundarstufe II* (2. Aufl.). Radebeul. Verfügbar unter https://publikationen.sachsen.de/bdb/artikel/25525

Institut für Qualitätsentwicklung an Schulen in Schleswig-Holstein (Hrsg.). (2014). *Niveaubeschreibungen Deutsch als Zweitsprache in der Sekundarstufe I. Zur Beobachtung von Kompetenz und Kompetenzzuwachs im Deutschen als Zweitsprache*. Kiel. Es handelt sich hierbei um eine Landesversion mit länderspezifischem Layout und Glossar. Verfügbar unter https://www.schleswig-holstein.de/DE/Fachinhalte/S/sprachbildung/Downloads/Niveaubeschreibungen_DaZ.html

Eine Übersicht aller im Kontext von FörMig entwickelten bzw. weiterentwickelten Diagnoseinstrumente sind verfügbar unter https://www.foermig.uni-hamburg.de/publikationen/diagnoseinstrumente.html.

Weiterführende Literatur

Becker-Mrotzek, M., Ehlich, K., Füssenich, I., Günther, H., Hasselhorn, M., & Hopf, M. et al. (2013). *Qualitätsmerkmale von Sprachstandsverfahren im Elementarbereich. Ein Bewertungsrahmen für fundierte Sprachdiagnostik in der Kita.* Köln: Mercator-Institut für Sprachförderung und Deutsch als Zweitsprache. Verfügbar unter https://www.mercator-institut-sprachfoerderung.de/fileadmin/Redaktion/PDF/Publikationen/Mercator-Institut_Qualitaetsmerkmale_Sprachdiagnostik_Kita_Web_03.pdf

Bremerich-Vos, A., Ferencik-Lehmkuhl, D., Schwinning, S., & Fladung, I. (2020). *Lesen, Schreiben, Rechtschreiben: Diagnostik und Förderung im gymnasialen Deutschunterricht. Berichte und Interviews mit Deutsch-Lehrkräften.* Münster: Waxmann.

Döll, M. (2012). *Beobachtung der Aneignung des Deutschen bei mehrsprachigen Kindern und Jugendlichen. Modellierung und empirische Prüfung eines sprachdiagnostischen Beobachtungsverfahrens*. FörMig Edition: Band 8. Münster: Waxmann.

Heppt, B., & Paetsch, J. (2018). Diagnostik sprachlicher Kompetenzen im Schulbereich. In C. Titz, S. Geyer, A. Ropeter, H. Wagner, S. Weber, & M. Hasselhorn (Hrsg.), *Konzepte zur Sprach- und Schriftsprachförderung entwickeln. Bildung durch Sprache und Schrift* (S. 117–138). Band 1. Stuttgart: Kohlhammer.

Jeuk, S., & Settinieri, J. (Hrsg.) (2019). *Handbuch Sprachdiagnostik DaZ*. Berlin: De Gruyter Mouton. https://doi.org/10.1515/9783110418712

Decker, L., & Kaplan, I. (2019). Beurteilung schriftlicher Schülerleistungen mithilfe der Textsorten Lehrerkommentar und Kriterienkatalog – Ein Vergleich. In I. Kaplan, & I. Petersen (Hrsg.), *Schreibkompetenzen messen, beurteilen und fördern* (S. 121–139). Sprachliche Bildung: Band 6. Münster: Waxmann.

Lengyel, D. (2012). *Sprachstandsfeststellung bei mehrsprachigen Kindern im Elementarbereich. Eine Expertise der Weiterbildungsinitiative Frühpädagogische Fachkräfte (WIFF).* Deutsches Jugendinstitut e.V. Frankfurt am Main. Verfügbar unter https://www.weiterbildungsinitiative.de/uploads/media/Expertise_29_Lengyel_Sprachstandsfeststellung.pdf

Lengyel, D. (2020). Lernprozessbegleitende Diagnose. In I. Gogolin, A. Hansen, S. McMonagle, & D. Rauch (Hrsg.), *Handbuch Mehrsprachigkeit und Bildung* (S. 305–309). Wiesbaden: Springer VS.

Titz, C., Ropeter, A., & Hasselhorn, M. (2018). Ausgangslagen erfassen und Veränderungen dokumentieren: Zum Mehrwert von Diagnostik. In C. Titz, S. Geyer, A. Ropeter, H. Wagner, S. Weber, & M. Hasselhorn (Hrsg.), *Konzepte zur Sprach- und Schriftsprachförderung entwickeln* (S. 87–100). Bildung durch Sprache und Schrift: Band 1. Stuttgart: Kohlhammer.

Zach, B., Scherf, D., Müller-Brauers, C., & Keuschnig, A. (2018). Diagnostik schriftsprachlicher Kompetenzen im Schulbereich. In C. Titz, S. Geyer, A. Ropeter, H. Wagner, S. Weber, & M. Hasselhorn (Hrsg.), *Konzepte zur Sprach- und Schriftsprachförderung entwickeln* (S. 138–160). Bildung durch Sprache und Schrift: Band 1. Stuttgart: Kohlhammer.

QUALITÄTSMERKMAL 3

DIE LEHRKRÄFTE STELLEN ALLGEMEIN- UND BILDUNGS-SPRACHLICHE MITTEL BEREIT UND MODELLIEREN DIESE.

Aufgabenstellungen/Operatoren

Konkretisierung

Die Lehrkräfte vermitteln und üben die Bedeutung der einzelnen ▶Operatoren sach- und kontextbezogen.

Die Lehrkräfte verwenden in Aufgabenstellungen des jeweiligen Faches die Operatoren eindeutig.

Beispiele

Die Schülerinnen und Schüler reformulieren Aufgabenstellungen in allgemeinsprachlicher Form (Fokus: kognitives Erfassen der erwarteten Handlung).

Die Lehrkräfte führen zur sprachlichen Präzisierung und zur Verwendung bildungssprachlicher Mittel.

Die Lehrkräfte bieten Aufgabenstellungen auch immer schriftlich an.

Praxishilfen

Eine Liste mehrsprachiger Operatoren findet sich in der Handreichung des Landesinstituts für Schule und Medien Berlin-Brandenburg zum sprachsensiblen Fachunterricht: Handreichung zur Wortschatzarbeit in den Jahrgangsstufen 5 bis 10 (LISUM/SenBJW 2013). Verfügbar unter https://bildungsserver.berlin-brandenburg.de/fileadmin/bbb/themen/sprachbildung/Mehrsprachige_Operatorenliste.pdf

Methoden zur Einführung und Übung von Operatoren von der Grundschule bis in die Sekundarstufe II mit Kopiervorlagen und didaktischen Kommentaren bietet die Broschüre „Durchgängige Sprachbildung am Beispiel der Operatoren. Methodensammlung mit 36 Aktivitäten – Grundschule bis Sekundarstufe II. (Dreeke & Mitterhuber 2012). Verfügbar unter https://li.hamburg.de/contentblob/3861102/a5ab13f2bafc923db677dbfadbc27beb/data/pdf-durchgaengige-sprachbildung-am-beispiel-der-operatoren.pdf

Weiterführende Literatur

Zur Problematik und zur unterschiedlichen Verwendung der Operatoren je nach Fach und Bundesland finden Sie einschlägige Kapitel in folgenden Publikationen:

Sprachförderlicher Fachunterricht – Erfahrungen und Beispiele (Brandt & Gogolin, 2016).

Das Projekt „Sprachsensible Schulentwicklung". Erfahrungen und Konzepte zur Umsetzung in Schulen (Scheinhardt-Stettner, 2017).

Sprachbewusste Unterrichtsplanung. Prinzipien, Methoden und Beispiele für die Umsetzung (Tajmel & Hägi-Mead, 2017).

Systematische Wortschatzarbeit

Konkretisierung

Zur systematischen Wortschatzarbeit gehört Wortfeldarbeit. Sie ist ein fester Bestandteil des Unterrichts: Die Lehrkräfte entwickeln den Wortschatz der Schülerinnen und Schüler kontinuierlich und wiederkehrend (einmaliges Einführen genügt nicht, sondern Lernen im ▶Spiralcurriculum).

Die Lehrkräfte nutzen vielfältige Methoden der Wortschatzarbeit.

Die Lehrkräfte bieten den Schülerinnen und Schülern einen reichhaltigen Wortschatz und Sprachstrukturen an. Sie verbinden dies jeweils mit Einordnungsmöglichkeiten, die den Lernenden helfen zu erkennen, in welchem Kontext welche Wörter, Redewendungen und spezifische Sprachstrukturen angemessen sind.

Die Lehrkräfte betten Wortschatzübungen in thematische Zusammenhänge ein und sorgen für eine kontextbezogene Wortschatzarbeit.

Die Lehrkräfte stellen den Schülerinnen und Schülern Hilfsmittel auch in den Herkunftssprachen zur selbstständigen Erweiterung ihres Wortschatzes zur Verfügung.

Die Lehrkräfte räumen den ▶„Formwörtern“ (auch: „Strukturwörter“ oder Partikel) im Unterricht einen erheblichen Stellenwert ein.
Die Lehrkräfte sichern neuen Wortschatz und neue Fachbegriffe grundsätzlich schriftlich ab.

Beispiele

Die Lehrkräfte stellen den Schülerinnen und Schülern Zeit sowie ein- und mehrsprachige Hilfsmittel (wie Nachschlagewerke/▶Glossare) zur Verfügung, um die Bedeutung von Begriffen zu klären.

Die Lehrkräfte sorgen dafür, dass den Schülerinnen und Schülern DaZ- und Nachschlagehandapparate in allen Unterrichtsräumen zur Verfügung stehen.

Die Lehrkräfte visualisieren den Fachwortschatz (z.B. ▶Lernplakate, Illustrationen, Skizzen, Gesten, Realia).

Die Lehrkräfte geben Äußerungen von Schülerinnen und Schülern viel Raum, greifen diese auf und nutzen sie zur Einführung der Fachbegriffe.

Die Lehrkräfte geben Nomen mit Artikel/Plural und Verben mit Infinitiv sowie konjugierten Formen in unterschiedlichen Tempusformen an (z.B. durch Tafelanschrieb, auf Arbeitsblättern, im ▶Glossar).

Praxishilfen

Ein didaktisches Instrument für den Wortschatzauf- und -ausbau in der Grundschule ist:
Bai, G., Chiquet-Kägi, M., & Nodari, C. (2017). *Dingsda. Grundwortschatz Deutsch als Zweitsprache*. Mit CD-ROM. Bern: Schulverlag plus.

Ein sehr hilfreiches Nachschlagewerk mit Fachwortschatz in verschiedenen Sprachen und didaktischen Anregungen ist Nodari, C. & Steinmann, C. (2017). *Fachdingsda. Fächerorientierter Grundwortschatz für das 5.-9. Schuljahr* (3. Aufl.). Kanton Aargau: Lehrmittelverlag des Kantons Aargau (mit CD-ROM).

Mathematische Fachbegriffe als Hilfestellung für den Unterricht in multilingualen Klassen, entstanden aus dem Unterricht mit internationalen Klassen bietet: Willerding, B. (2016). *Wörterbuch mathematischer Begriffe in 16 Sprachen*. MUED e.V. (Mathematik Unterrichts Einheiten Datei). Verfügbar unter https://www.die-mueden.de/mat/broschinfo/lexicon-mehr.pdf

Tipps und Anregungen für eine bewusste Wortschatzarbeit in verschiedenen Fächern (Naturwissenschaften, Mathematik, Deutsch, Englisch, Geschichte, Geografie) mit einem Methodenkoffer und Aufgabenbeispielen finden sich in folgender Handreichung:
Senatsverwaltung für Bildung, Jugend und Wissenschaft (2013). *Sprachsensibler Fachunterricht. Handreichung zur Wortschatzarbeit in den Jahrgangsstufen 5 bis 10 unter besonderer Berücksichtigung der Fachsprache*. Verfügbar unter https://bildungsserver.berlin-brandenburg.de/themen/sprachbildung/sprachsensibler-fachunterricht

Beispiele für Fachunterricht unter Einbezug der Herkunftssprachen: Beese, M., & Gürsoy, E. (2019). Biologie hat viele Sprachen. Mehrsprachigkeit im Biologieunterricht nutzen. *Lernende Schule, 86,* 32–37.

Prediger, S., Uribe, Á., & Kuzu, T. (2019). Mehrsprachigkeit als Ressource im Fachunterricht – Ansätze und Hintergründe aus dem Mathematikunterricht. *Lernende Schule, 86,* 20–24.

Konkretisierungsraster ergänzen die Planungsrahmen zur sprachbewussten Unterrichtsplanung durch eine systematische Analyse der für die jeweiligen Aktivitäten und Sprachhandlungen notwendigen Sprachstrukturen und des Vokabulars. Erarbeitete Konkretisierungsraster mit sprachlichen Mitteln auf der Wort-, Satz- und Textebene sowie Schlüsselworttabellen zu 13 verschiedenen Themen bietet Teil II der Publikation von Tajmel, T. & Hägi-Mead, S. (2017).

Das Netzwerk SIMS (Sprachförderung in mehrsprachigen Schulen) begleitet seit 2004 Schulen in der Nordwestschweiz und bietet auf seiner Homepage sowohl didaktische Grundlagen als auch Unterrichtsmaterialien zu allen wichtigen Teilbereichen, auch zum Wortschatz. Verfügbar unter http://www.netzwerk-sims.ch/wortschatz/

Weiterführende Literatur

Einschlägige Kapitel zu Grundlagen der Wortschatzarbeit finden sich bei:

Brandt, H. & Gogolin, I. (2016). *Sprachförderlicher Fachunterricht – Erfahrungen und Beispiele.* FörMig-Material: Band 8. Münster; New York: Waxmann.

Neugebauer, C. & Nodari, C. (2019). *Förderung der Schulsprache in allen Fächern – Praxisvorschläge für Schulen in einem mehrsprachigen Umfeld. Kindergarten bis Sekundarstufe I* (6. Aufl.). Bern/Schweiz: Schulverlag plus.

Sprachrezeption mündlich und schriftlich

Sprachrezeption mündlich – Lehrersprache und Hörstrategien

Konkretisierung

Die Lehrkräfte sind sprachliche Vorbilder.

Die Lehrkräfte setzen ihre Sprache bewusst ein und achten auf angemessene Sprechweise und -geschwindigkeit.

Die Lehrkräfte vermitteln den Schülerinnen und Schüler vielfältige Hörstrategien auf unterschiedlichen Niveaustufen, mit denen diese unterschiedliche Hörsituationen meistern können, und üben diese mit ihnen ein.

Beispiele

Die Lehrkräfte sind aufmerksam gegenüber ihrer Stimmführung und der Klarheit des Sprechens.

Die Lehrkräfte geben den Schülerinnen und Schülern genügend Zeit, den mündlichen Ausführungen zu folgen.

Die Lehrkräfte vergewissern sich, ob die Aufgabenstellung klar ist und sie verstanden wurden, und bieten veränderte Formulierungen an, wenn das Verständnis beeinträchtigt ist.

Die Lehrkräfte vermitteln den Lernenden, dass Intonation, Mimik und Gestik etc. dem Sprachverständnis dienen.

Die Lehrkräfte machen deutlich, dass Textverstehen abhängig ist vom „Weltwissen" der Schülerinnen und Schüler und dass neue Wörter aus dem Kontext erschlossen werden können.

Praxishilfen

Bausteine für den Aufbau der Zweitsprache Deutsch in der Mündlichkeit und ausgewählte Praxisbeispiele mit Bezug zur aktuellen Forschungslage, werden in der folgenden Publikation vorgestellt: Schlatter, K., Tucholski, Y. & Curschellas, F. (2017). *DaZ unterrichten. Ein Handbuch zur Förderung von Deutsch als Zweitsprache in den Bereichen Hörverstehen und Sprechen* (2. Aufl.). Bern: Schulverlag plus.

Für die Schulung der Schülerinnen und Schüler stehen Unterlagen der 5. sims-Tagung 2013 „Förderung des Hörverstehens im Unterricht" mit der Kernfrage: „Wie sieht eine effektive Förderung des Hörverstehens aus?" unter http://www.netzwerk-sims.ch/hoerverstehen/ zur Verfügung.

Das DaZ-Portal für Lehrpersonen in Ostbelgien bietet aktuelle Informationen, Materialhinweise und praktische Anregungen zur Arbeit mit Kindern und Jugendlichen mit Deutsch als Zweitsprache. Für den Lernbereich Hörverstehen werden Unterrichtsideen, Bücher und Links vorgestellt. Verfügbar unter https://www.daz-portal.be/material/hörverstehen/

Zur Förderung des Hörverstehens von Schülerinnen und Schülern gibt es zudem zahlreiche Hilfen aus dem Bereich des Fremdsprachenunterrichts, z. B. Lehrerfortbildungen des Landes Baden-Württemberg zum Hörverstehen im Französischunterricht. Verfügbar unter https://lehrerfortbildung-bw.de/u_sprachlit/franzoesisch/bs/6bg/fb1/1hoeren/

Weiterführende Literatur

Honnef-Becker, I., & Kühn, P. (2019). *Sprechen und Zuhören im Deutschunterricht.* Tübingen: Narr. In dem Studienbuch werden auch im Deutschunterricht wenig berücksichtigte Teilkompetenzen wie das Hörverstehen und das „Hör-Seh-Verstehen" behandelt. Die Publikation bietet einen Überblick über wissenschaftliche und fachdidaktische Grundlagen des Kompetenzbereichs.

Neugebauer, C., & Nodari, C. (2019). *Förderung der Schulsprache in allen Fächern – Praxisvorschläge für Schulen in einem mehrsprachigen Umfeld. Kindergarten bis Sekundarstufe I* (6. Aufl.). Bern/Schweiz: Schulverlag plus.

Sprachrezeption schriftlich - Lesen

Konkretisierung

Die Lehrkräfte üben mit den Schülerinnen und Schülern systematisch wichtige ▶Lesefertigkeiten ein.

Die Lehrkräfte vermitteln den Schülerinnen und Schülern ▶Lesestrategien, die es ihnen ermöglichen, selbstständig Texte zu erschließen.

Die Lehrkräfte beachten dabei, dass Strategien, die für das Lesen in einer Sprache nützlich sind, auch das Lesen in anderen Sprachen unterstützen können und ermutigen Schülerinnen und Schüler zur sprachübergreifenden Anwendung der Strategien.

Beispiele

Die Lehrkräfte aktivieren das Vorwissen der Schülerinnen und Schüler und stellen darüber Bezüge zum Text her.

Die Lehrkräfte stellen mit dem neu zu Erlernenden einen Kontext her.

Die Lehrkräfte didaktisieren Lesetexte mit guten Aufträgen, die die Lesenden vor, während und nach dem Lesen begleiten.

Die Lehrkräfte sorgen dafür, dass Schülerinnen und Schüler auch Gelegenheit zum Lautlesen in Tandems oder Gruppen erhalten, verbinden die Lesegelegenheit mit der Kommunikation über das Gelesene und fördern so das Leseverstehen.

Praxishilfen

Ein Handlungsrahmen für Schulen zur Planung eines Konzepts der durchgängigen Leseförderung ist verfügbar unter https://bildungsserver.berlin-brandenburg.de/themen/sprachbildung/lesen/handreichung-lesekompetenz.

Die folgende Handreichung stellt Werkzeuge zur Erfassung von leserelevanter Kompetenz und zur durchgängigen Leseförderung vor sowie praktische Beispiele erfolgreicher Förderkonzepte aus allen drei Bildungsetappen (Elementarbereich, Primarstufe und Sekundarstufe). BISS (Bildung in Sprache und Schrift): Handreichung Durchgängige Leseförderung. Überblick, Analysen und Handlungsempfehlungen. Verfügbar unter https://biss-sprachbildung.de/pdf/biss-handreichung-durchgaengige-lesefoerderung.pdf

Die Lernlandkarte des Projekts „Sprachsensible Schulentwicklung" veranschaulicht die Phasen von Lesen als Prozess. Verfügbar unter https://www.stiftung-mercator.de/media/downloads/3_Publikationen/2017/November/Lesen_als_Prozess_aktualisiert.pdf

Grundlagen der Didaktisierung von Texten und Beispiele für didaktisierte Lesetexte sind verfügbar unter http://www.netzwerk-sims.ch/leseverstehen/. Beispiele zum Thema „Wie können Sachtexte lese- und verständnisfördernd eingesetzt werden?" bietet die sims-Tagung 2020. Verfügbar unter http://www.netzwerk-sims.ch/sims-tagung-2020/

Weiterführende Literatur

Philipp, M. (Hrsg.). (2017). *Handbuch Schriftspracherwerb und weiterführendes Lesen und Schreiben*. Weinheim: Beltz.

Rauch, D. (2011). *Beiträge zur Lesekompetenz von Personen mit unterschiedlicher Sprachbiographie*. URN: urn:nbn:de:0111-opus-79602.

Rosebrock, C., Nix, D., Rieckmann, C., & Gold, A. (2017). *Leseflüssigkeit fördern. Lautleseverfahren für die Primar- u. Sekundarstufe* (5. Aufl.). Seelze: Kallmeyer Klett.

Schiesser, D. & Nodari, C. (2007). *Förderung des Leseverstehens in der Berufsschule*. Bern: hep.

Sträuli Arslan, B. (Hrsg.). (2007). *Leseknick – Lesekick. Leseförderung in vielsprachigen Schulen.* Zürich: Lehrmittelverlag des Kantons Zürich.

Basiswissen sprachliche Bildung, Stichwort Leseflüssigkeit. Verfügbar unter https://www.mercator-institut-sprachfoerderung.de/de/themenportal/thema/lesefluessigkeit/

Basiswissen sprachliche Bildung, Stichwort Leseförderung. Verfügbar unter https://www.mercator-institut-sprachfoerderung.de/de/themenportal/thema/lesefoerderung/

Sprachproduktion mündlich und schriftlich

Hier geht es um sprachliches Handeln und den Aufbau von Textkompetenz in Mündlichkeit und Schriftlichkeit. Die beiden Bereiche bedingen sich gegenseitig und entwickeln sich in Abhängigkeit voneinander.

Im Unterrichtsgeschehen dominiert oft die Mündlichkeit, aber Leistungsüberprüfungen sind (fast) immer schriftlich und entscheiden über den Bildungserfolg.

Konkretisierung

Die Lehrkräfte unterstützen die mündliche und schriftliche Sprachproduktion der Schülerinnen und Schüler durch Ermutigungen, durch das Angebot von Formulierungshilfen und gezielte Nachfragen (Mikro-Scaffolding).

Die Lehrkräfte unterstützen die Sprachproduktion durch Visualisierungen (Schrift, Schaubilder, Grafiken).

Die Lehrkräfte geben Äußerungen von Schülerinnen und Schülern viel Raum, greifen diese auf und nutzen sie für den weiteren Unterricht.

Die Lehrkräfte geben Gelegenheit zur Selbstkorrektur und praktizieren konstruktives Korrekturverhalten.

Die Lehrkräfte unterstützen die Schülerinnen und Schüler durch Leitfäden zur Gestaltung von Texten und mündlichen Beiträgen.

Die Lehrkräfte üben mit den Schülerinnen und Schülern systematisch wichtige Sprech- und Schreibstrategien ein.

Die Lehrkräfte fördern die Textsortenkompetenz der Schülerinnen und Schüler und üben mit ihnen die jeweiligen fachspezifischen Textsorten mündlich und schriftlich ein.

Die Lehrkräfte vermitteln die Fähigkeit, graphische Darstellungen zu verbalisieren.

Die Lehrkräfte schaffen Transparenz über den Schreibprozess und bieten Hilfestellungen und zielführende Strategien für die einzelnen Schritte.

Die Lehrkräfte unterstützen die Schülerinnen und Schüler dabei, dass sie die für eine Sprache gelernten Schreibstrategien auch beim Schreiben in anderen Sprachen anwenden.

Die Lehrkräfte stellen Aufgaben, die zum produktiven Sprechen und Schreiben herausfordern.

Beispiele

Die Lehrkräfte geben Satzanfänge, Satzmuster, standardisierte Sätze, Aufgabenanfänge, zusätzliches Wortmaterial, Mustertexte (z. B. als Tafelanschrieb) vor.

Die Schülerinnen und Schüler übernehmen für Antworten Schlüsselwörter aus Aufgaben- oder Fragestellungen.

Die Lehrkräfte stellen Modelltexte zur Verfügung, die Schülerinnen und Schüler abwandeln können (z. B. generatives Schreiben).

Die Lehrkräfte stellen Leitfäden zur Produktion bestimmter Textsorten zur Verfügung (z. B.: Protokolle im naturwissenschaftlichen Unterricht) und exemplarische Lösungen für Textsortenwechsel, Perspektivwechsel und Adressatenwechsel.

Praxishilfen

Eine Hilfe für die systematische Vermittlung von Schreibkompetenzen für die drei Niveaustufen A1, A2 und B1 für neu zugewanderte Schülerinnen und Schüler bietet der Ordner der Behörde für Schule und Berufsbildung Hamburg.
Bühler-Otten, S., Unverzagt, K., Bollinger, H., Piening, M., Brüntrup, J., & Grommes, P. (2019). *Schreibkompetenzen trainieren von A1 bis B1. Unterrichtsmaterial für Deutsch als Zweitsprache in der Sekundarstufe I.* Behörde für Schule und Berufsbildung Hamburg. Verfügbar unter https://li.hamburg.de/contentblob/12431876/9b7f3e7ea85782f29624674bb7fd0d3a/data/pdf-schreibordnder-interaktiv.pdf

Kommentierte Praxisbeispiele für Dialogisches Lernen im Unterricht aller Schulstufen sind verfügbar unter https://www.lerndialoge.ch/praxisbeispiele.html.

Wie eine effektive Förderung der Sprechfertigkeit aussieht, zeigen die Materialien der sims-Tagung von 2012. Verfügbar unter http://www.netzwerk-sims.ch/sprechen/

Ein Online-Tool zu Methoden des sprachsensiblen Unterrichts für Lehrkräfte aller Schulformen und Schulfächer ist verfügbar unter https://www.mercator-institut-sprachfoerderung.de/de/publikationen/material-fuer-die-praxis/methodenpool/.

Zahlreiche Anregungen für die Förderung sprachübergreifender Strategien bieten Broschüren und Lernvideos von Nicole Marx und Torsten Steinhoff zum Thema „Texte sprachübergreifend bearbeiten". Verfügbar unter https://www.mehrsprachigkeit.uni-hamburg.de/textueberarbeitung.html

Die Dokumentation der Jahrestagung 2020 des Mercator-Instituts zeigt Beispiele für digitale Schreibfördertools. Verfügbar unter https://www.mercator-institut-sprachfoerderung.de/de/themenportal/thema/digitale-schreibfoerdertools-beispiele-aus-der-wissenschaft-zur-digitalen-foerderung-von-schreibkomp/

Eine anschauliche Einführung in das Thema Schreiben im sprachsensiblen Unterricht in 90 Sekunden bieten der Erklärfilm der Projekte „Sprachsensible Schulentwicklung" und „Sprachsensibles Unterrichten fördern", verfügbar unter http://sprachsensibles-unterrichten.de/wp-content/uploads/2019/03/Schreiben%20als%20Prozess%20H264%20-%2040MBit.mp4 und die Lernlandkarte „Schreiben als Prozess", verfügbar unter https://www.stiftung-mercator.de/media/downloads/3_Publikationen/2017/November/Schreiben_als_Prozess_aktualisiert.pdf.

Basiswissen sprachliche Bildung, Stichwort Schreibflüssigkeit. Verfügbar unter https://www.mercator-institut-sprachfoerderung.de/de/themenportal/thema/schreibfluessigkeit/

Zum Thema ▶kognitives Modellieren von Schreibprozessen: https://www.mercator-institut-sprachfoerderung.de/de/themenportal/thema/schul-und-unterrichtsentwicklung-am-beispiel-des-modellierens-von-schreibprozessen/

Weiterführende Literatur

Gürsoy, E. (2018). *Genredidaktik: Ein Modell zum generischen Lernen in allen Fächern mit besonderem Fokus auf Unterrichtsplanung*. Verfügbar unter https://www.uni-due.de/imperia/md/content/prodaz/guersoy_genredidaktik.pdf

Kniffka, G., & Roelcke, T. (2016). *Fachsprachenvermittlung im Unterricht* (S. 148ff.). Paderborn: Schöningh.

Marx, N. (2019). *(Wie) sind sprachenübergreifende Schreibfähigkeiten lehr- und lernbar?* (S. 91–96). ÖDaF-Mitteilungen 34 (2). https://doi.org/10.14220/odaf.2018.34.2.91

Neugebauer, C., & Nodari, C. (2019). *Förderung der Schulsprache in allen Fächern – Praxisvorschläge für Schulen in einem mehrsprachigen Umfeld. Kindergarten bis Sekundarstufe I* (6. Aufl.). Bern/Schweiz: Schulverlag plus.

Rüßmann, L., Steinhoff, T., Marx, N., & Wenk, A.K. (2016). *Schreibförderung durch Sprachförderung? Zur Wirksamkeit sprachlich profilierter Schreibarrangements in der mehrsprachigen Sekundarstufe I unterschiedlicher Schulformen*. In Didaktik Deutsch 40 (S. 41–59).

Ruf, U., Keller, S., & Winter, F. (Hrsg.). (2008). *Besser lernen im Dialog*. Seelze-Velber: Kallmeyer.

Sturm, A., & Weder, M. (2016). *Schreibkompetenz, Schreibmotivation, Schreibförderung: Grundlagen und Modelle zum Schreiben als soziale Praxis*. Seelze: Kallmeyer.

QUALITÄTSMERKMAL 4

DIE SCHÜLERINNEN UND SCHÜLER ERHALTEN VIELE GELEGENHEITEN, IHRE ALLGEMEIN- UND BILDUNGSSPRACHLICHEN FÄHIGKEITEN ZU ERWERBEN, AKTIV EINZUSETZEN UND ZU ENTWICKELN.

Konkretisierung

Die Lehrkräfte schaffen ein Unterrichtsklima, in dem sich die Schülerinnen und Schüler als fähige Sprachlernende, als kompetent im Sprechen, Hören, Schreiben und Lesen erfahren können.

Die Herkunftssprachen erhalten ihren selbstverständlichen Raum im Unterrichtsgeschehen – sie werden als Ressource für sprachliche Bildung und schulisches Lernen produktiv genutzt.

Die Schülerinnen und Schüler erhalten Gelegenheit und werden ermuntert, ihre herkunftssprachlichen Kenntnisse einzusetzen, um sprachenvergleichende Übungen und Reflexionen durchzuführen.

Beispiele

Die Lehrkräfte vereinbaren mit den Schülerinnen und Schülern explizit, wann es um das Deutsche geht und wann um Mehrsprachigkeit – z.B. kann in bestimmten Unterrichtsphasen, etwa in Gruppen- oder Partnerarbeit, auf Herkunftssprachen zurückgegriffen werden.

Bei der Einbeziehung von Mehrsprachigkeit wird mit Expertinnen und Experten zusammengearbeitet – z.B. mit den Lehrkräften für Herkunftssprachen, Eltern, Migrantenvereinen, Hochschulen oder anderen Partnern vor Ort.

Praxishilfen und weiterführende Literatur

Die Hinweise beziehen sich in erster Linie auf Möglichkeiten, konstruktiv mit der Sprachenvielfalt in Schule und Unterricht umzugehen. Weitere Hinweise für den Unterricht in allen Fächern → Qualitätsmerkmal 3

Viele Anregungen zum Einbezug von Herkunftssprachen finden sich bei Schader, B. (2013). *Sprachenvielfalt als Chance. 101 praktische Vorschläge*. Zürich: Orell Füssli.

Mächler, S. (Hrsg.). (2001). *Schulerfolg: kein Zufall. Ein Ideenbuch zur Schulentwicklung im multikulturellen Umfeld.* Zürich: Lehrmittelverlag des Kantons Zürich.

Brandt, H., & Gogolin, I. (2016). *Sprachförderlicher Fachunterricht. Erfahrungen und Beispiele.* FörMig Material: Band 8. Münster; New York: Waxmann. → Kapitel E: Sprachenvielfalt im Klassenzimmer.

Das Programm QUIMS (Qualität in multikulturellen Schulen) läuft seit über 20 Jahren im Kanton Zürich. Auf dem Wiki zu den QUIMS-Schwerpunkten gibt es jeweils kurz skizzierte Praxisbeispiele, die man z.B. über die Stichworte Hören, Sprechen, Lesen, Schreiben finden kann. Verfügbar unter https://wiki.edu-ict.zh.ch/quims/index

In der Reihe „Materialien für den herkunftssprachlichen Unterricht" der Abteilung International Projects in Education (IPE) der Pädagogischen Hochschule Zürich sind die „Drei Kernpunkte der aktuellen Didaktik der Mündlichkeit" ein Einstieg für Ansatzpunkte, um Schülerinnen und Schüler zum Sprechen zu ermuntern. Verfügbar unter https://myheritagelanguage.com/de/book/promoting-speaking-first-language/introduction/three-key-aspects-current-didactics-orality/

Aus dem Projekt MIKS (Mehrsprachigkeit als Handlungsfeld Interkultureller Schulentwicklung) gibt es Praxisbeispiele aus Grundschulen zum Einbezug von Mehrsprachigkeit, die auch für die Sekundarstufe adaptiert werden können. Verfügbar unter http://www.ew.uni-hamburg.de/miks/

Weitere Anregungen für die Einbeziehung von Mehrsprachigkeit in den Unterricht und das Schulleben enthält die Website www.mehrsprachigkeit.uni-hamburg.de.

Hören

Konkretisierung

Die Schülerinnen und Schüler erhalten Gelegenheit, sich über das, was sie hörend verstehen sollen, auszutauschen. Dabei nutzen sie, soweit möglich, auch ihre herkunftssprachlichen Kenntnisse.

Die Schülerinnen und Schüler erfahren, welche (sozialen) Wirkungen die Betonung, Melodie etc. einer Äußerung haben.

Die Schülerinnen und Schüler üben Strategien ein, die ihnen helfen, Schwierigkeiten des Hörverstehens zu überwinden.

Beispiele

Sprachenvergleichende Hörübungen, wie z. B.: Schülerinnen und Schüler sprechen etwas in ihrer Herkunftssprache – alle anderen sollen versuchen, dies zu schreiben; Vergleich von Satzmelodien in verschiedenen Sprachen: Woran hört man, dass etwas Gesagtes eine Frage ist, ein zorniger Ausruf, ein Schimpfwort, ein freundlicher Willkommensgruß …?

Sprechen

Konkretisierung

Die Lehrkräfte stellen Aufgaben, die komplexe mündliche Schüleräußerungen ermöglichen.

Der Sprechanteil der Schülerinnen und Schüler ist hoch.

Die Schülerinnen und Schüler haben Zeit, ihre Beiträge bewusst zu konstruieren.

Die Schülerinnen und Schüler handeln Bedeutungen von Lerninhalten aus – auch in ihren Herkunftssprachen.

Die Schülerinnen und Schüler erfahren die (sozialen) Wirkungen, die etwas Gesagtes haben kann – abhängig davon, wie es betont wird und in welcher Melodie es gesprochen wird.

Beispiele

Sprechintensive Methoden wie ▶Murmelgruppen oder ▶kooperative Lernformen werden eingesetzt.

In Arbeitsgruppen dürfen die Schülerinnen und Schüler ihre stärkste Sprache benutzen.

Die Schülerinnen und Schüler formulieren abgeschlossene Gedankengänge in offenen Aufgabenstellungen, in allen Phasen des Kooperativen Lernens, bei Präsentationen und in Unterrichtsgesprächen.

Nach einer Frage gibt die Lehrkraft den Schülerinnen und Schülern Zeit für Antworten (ein Tipp ist es, langsam bis 20 zu zählen).

Lesen

Konkretisierung

Die Lehrkräfte fördern gezielt die Lesemotivation der Schülerinnen und Schüler.

Leseaktivitäten der Schülerinnen und Schüler sind fester Bestandteil des Unterrichts und des Schullebens.

Die Lehrkräfte ermöglichen den Schülerinnen und Schülern, Lesestrategien zu aktivieren, zu üben und anzuwenden.

Die Lehrkräfte erhöhen systematisch die Lesemenge von literarischen und fachlichen Texten.

Die Schülerinnen und Schüler nutzen, soweit möglich, auch ihre herkunftssprachlichen Kenntnisse für das Lesen, z. B. zur Aktivierung des Vorwissens.

Beispiele

Bereitstellen vielfältiger Texte (z. B. Sachtexte, literarische Texte, Texte aus Zeitungen oder Zeitschriften, mehrsprachige Texte), auch unter Nutzung des Angebots digitaler Medien.

Auf- und Ausbau einer mehrsprachigen Klassen-/ Schulbibliothek

Festgelegte Lesezeiten im Stundenplan

Lesewochen, Lesewettbewerbe (auch: Vorlesen in vielen Sprachen)

Lesetagebücher

Schulisches Lesekonzept, das Mehrsprachigkeit und digitale Medien einbezieht

Schreiben

Konkretisierung

Die Lehrkräfte treffen mit den Schülerinnen und Schülern die Vereinbarung, in jeder Unterrichtsstunde etwas zu schreiben.

Die Schülerinnen und Schüler haben Gelegenheit, Texte zu planen, über schriftliche Formulierungen nachzudenken und ihre Texte zu überarbeiten.

Die Schülerinnen und Schüler schreiben zu vielen unterschiedlichen Anlässen. Sie haben vielfältige Gelegenheiten, unterschiedliche Textsorten zu erproben und für unterschiedliche Zielgruppen zu schreiben.

Die Schülerinnen und Schüler nutzen, soweit möglich, auch ihre herkunftssprachlichen Kenntnisse für die Textproduktion.

Beispiele

Schülerinnen und Schüler formulieren Regeln für Grammatik sowie für das Erarbeiten und Verfassen von Texten mit ihren eigenen Worten.

Schülerinnen und Schüler geben sich gegenseitig Rückmeldungen auf Texte (Peer-Textfeedback)

► Schreibkonferenzen

QUALITÄTSMERKMAL 5

DIE LEHRKRÄFTE UNTERSTÜTZEN SCHÜLERINNEN UND SCHÜLER IN IHREN INDIVIDUELLEN SPRACHBILDUNGS-PROZESSEN.

Fast alle Lernenden in den Schulen in Deutschland machen Erfahrungen in mehr als einer Sprache. Fast alle lernen mindestens eine Fremdsprache bereits in der Grundschule, und eine zunehmende Zahl der Schülerinnen und Schüler spricht in der Familie eine andere Sprache neben der deutschen – manche auch mehr als eine. Alle sprachlichen Erfahrungen, die Lernende machen, prägen ihren individuellen Sprachbesitz und bilden die Grundlage für ihr weiteres – nicht nur sprachliches – Lernen. In den folgenden Anregungen ist deshalb immer mitgemeint, Lernende in ihrem Selbstvertrauen als Mehrsprachige zu stärken und sie dabei zu unterstützen, dass sie möglichst alle ihre Spracherfahrungen für ihr weiteres sprachliches Lernen einsetzen. Strategien der expliziten Nutzung von Mehrsprachigkeit – seien es solche, die mit den schulischen Fremdsprachen zusammenhängen oder solche, bei denen die Herkunftssprachen eingesetzt werden – können sehr hilfreich dabei sein, eigenständiges Weiterlernen zu unterstützen. Anregungen hierfür bietet z. B. das Themenheft „Sprachen vergleichen“ der Zeitschrift Praxis Deutsch (Ausgabe 278 von 2019).

Konkretisierung

Die Lehrkräfte unterstützen die Lernenden darin, Freude am sprachlichen Lernen und Selbstvertrauen in die eigenen sprachlichen Fähigkeiten zu gewinnen.

Die Lehrkräfte trainieren Strategien mit den Schülerinnen und Schülern, die diese für eigenständiges Recherchieren und Üben anwenden können.

Die Lehrkräfte formulieren differenzierte, aber zugleich herausfordernde Aufgabenstellungen für die Schülerinnen und Schüler mit Rücksicht auf ihre unterschiedlichen Sprachkompetenzen.

Die Lehrkräfte stellen bei gleicher Zielstellung unterschiedliche Hilfen für das Lösen von Aufgaben zur Verfügung.

Die Lehrkräfte leiten die Schülerinnen und Schüler dazu an, die verschiedenen Medien, in denen Hilfen zugänglich gemacht werden können (z. B. gedruckte, elektronische) zu nutzen.

Die Lehrkräfte unterstützen die Schülerinnen und Schüler bei der Orientierung in virtuellen Lehr- und Lernhilfen und helfen dabei, eingesetzte Strategien zu optimieren.

Die Lehrkräfte stellen ein „Überangebot“ an sprachlichen Mitteln bereit, aus denen die Schülerinnen und Schüler auswählen können.

Die Lehrkräfte stellen abgestufte sprachliche Lernhilfen für das Textverständnis und die Textproduktion zur Verfügung.

Die Lehrkräfte geben den Schülerinnen und Schülern Rückmeldungen, die so konkret formuliert sind, dass damit weiteres Lernen möglich ist.

Die Lehrkräfte richten den Unterricht für neu Zugewanderte frühzeitig auch auf den Erwerb fach- und bildungssprachlicher Kompetenzen aus.

Beispiele

‚Freie‘ Aufgabenstellungen, vorgegebene Formulierungen, ▶Reformulierungsaufgaben, Einsatz differenzierter Arbeitsmaterialien

Schülerinnen und Schüler können aus dem „Überangebot“ an sprachlichen Mitteln begründet auswählen (Wortlisten, Überschriften als Textgliederung, Fragen zum Textverständnis, markierte Schlüsselbegriffe, Hinweise auf Bildmaterial und Grafiken).

Vergleichende Sprachbetrachtungen werden als Verstehenshilfen für einzelne Schülerinnen und Schüler genutzt.

Formulierungshilfen (Satzanfänge, Textbausteine, Modelltexte und Lösungen als Orientierungshilfen).

Zahlreiche Kinder- und Jugendbücher bieten spielerische Anregungen zum Umgang mit Mehrsprachigkeit.

Praxishilfen
Unter dem Suchbegriff ►„Graphic Organizer“ finden sich im Internet zahlreiche grafische Vorlagen, mit denen Schülerinnen und Schüler ihre Gedanken strukturiert festhalten können. Das Angebot ist überwiegend in englischer Sprache gehalten, so dass die Lernenden wahrscheinlich Anleitung zu seiner Nutzung benötigen. Aber auch dafür finden Lehrkräfte Anregungen (z. B. schulstufenorientierte Videotutorials in theteachertoolkit.com).

Zum Thema individualisiertes Lernen:
Anregungen zur Gestaltung individueller Angebote am Übergang vom Elementarbereich in die Grundschule finden sich in:
BiSS-Trägerkonsortium (2019). *Handreichung Sprachbezogene Unterrichtsentwicklung. Sprachliche Bildung im Elementarbereich – Konzepte und Berichte aus der Praxis.* Köln: Mercator-Institut für Sprachförderung und Deutsch als Zweitsprache. doi: 10.3278/6004688w. Verfügbar unter https://biss-sprachbildung.de/pdf/biss-handreichung-unterrichtsentwicklung.pdf

Praxisbeispiele für individualisiertes und selbstgesteuertes Lernen in der Sekundarstufe I mit einer Materialsammlung (Arbeit mit Kompetenzrastern, Wochenplänen, Lerntagebüchern, Checklisten etc.) auf der Seite des QuaLis NRW. Verfügbar unter https://www.schulentwicklung.nrw.de/q/ganztag/lernzeiten-in-der-sekundarstufei/individualisiertes-lernen/individualisiertes-lernen.html

Ein Beispiel für individuelle Förderung und differenzierte Aufgabenstellungen mit Arbeitsblättern zum Download: Krutmann, L., Möller-Bach, C., Scheinhardt-Stettner, H. (2018). Durchgängige Sprachbildung: Scaffolding als grundlegende Strategie des sprachsensiblen Fachunterrichts – ein Beispiel aus dem Technikunterricht. *Praxis Sprache Heft 3/2018.*

Möglichkeiten zur Binnendifferenzierung im Biologieunterricht, u. a. Beispiele für Stationenlernen: Bildungsserver Berlin (2012). Verfügbar unter https://bildungsserver.berlin-brandenburg.de/fileadmin/bbb/unterricht/faecher/naturwissenschaften/biologie/HR_Binnendifferenzierung_Ernaehrung_Verdauung.pdf

Zum Thema Förderung von Medienkompetenz:
Informationen zum Thema bietet das Medienkompetenzportal NRW unter der Rubrik interkulturelle Medienarbeit. Verfügbar unter https://www.medienkompetenzportal-nrw.de/handlungsfelder/interkulturelle-medienarbeit.html

„Das Internet-ABC für Lehrkräfte“ (15 interaktive und vertonte Lernmodule für Schülerinnen und Schüler der Klassen 3 bis 6 erklären spielerisch die Grundlagen zum Thema Internet.) sowie Unterrichtsmaterialien „mit der Klasse im Netz“ findet man unter https://www.medienkompetenzportal-nrw.de/handlungsfelder/schule.html und https://www.internet-abc.de/lehrkraefte/unterrichtsmaterialien/.

„Binogi“ ist eine Plattform mit mehrsprachigem digitalem Lern- und Lehrmaterial für Schülerinnen und Schüler der 5.-10. Klasse. Sie bietet Erklärvideos und Quiz zu vielen unterschiedlichen Themen. Die Sprache des Lerninhaltes kann nach Belieben gewechselt werden, zudem können Untertitel in derselben oder einer anderen Sprache eingeblendet werden: https://www.binogi.de/. Man muss sich registrieren, bis zum Ende des Schuljahres 2019/20 steht die Plattform kostenfrei zur Verfügung.

Videos auch zugänglich ohne Registrierung über https://www.youtube.com/channel/UCbUopeTX-BIPgl420XbeSomw.

Zum Thema Formulierungshilfen und „Überangebot“ an sprachlichen Mitteln:
Methoden, die sich eignen, um Formulierungshilfen bereit zu stellen, finden sich bei: Leisen, J. (2013). *Handbuch Sprachförderung im Fach – Sprachsensibler Fachunterricht in der Praxis* sowie in der Zusammenfassung des Online-Seminars „Werkzeugkasten für die Sprachförderung“. Verfügbar unter https://www.klett-sprachen.de/mediathek-online-seminare/c-2886#daz

Zu einzelnen Methoden, wie z. B. Formulierungshilfen als „Filmleiste“, „Wortgeländer“ oder „Satzbaukasten“ siehe http://www.josefleisen.de/download-methodenwerkzeuge.

Hilfreich ist ebenfalls das Online-Tool des Mercator-Instituts zu Methoden des sprachsensiblen Unterrichts für Lehrkräfte aller Schulformen und Schulfächer. Verfügbar unter https://www.mercator-institut-sprachfoerderung.de/de/publikationen/material-fuer-die-praxis/methodenpool/

Formulierungshilfen für verschiedene Textsorten für Deutschtexte bis zum Abitur finden Schülerinnen und Schüler hier: http://deutschstundeonline.de/formulierungshilfen/ (mit YouTube-Videos). Die ausführliche Version findet man in dem Buch:
Krämer-Curtis, D. (2019). *Abi to go – Deutsch: Formulierungshilfen: Für deine Deutsch-Aufsätze. Taschenbuch zum Nachschlagen und Üben.*

Kostenlos zugänglich ist das „Aufsatz-Rad – so finden Ihre Schüler die richtigen Wörter". Verfügbar unter https://magazin.sofatutor.com/lehrer/aufsatz-rad-so-finden-ihre-schueler-die-richtigen-woerter/ und https://www.sofatutor.com
Zum Beispiel zu den Themen „Abwechslung in Satzanfängen" unter https://magazin.sofatutor.com/lehrer/aufsatz-rad-3-0-mehr-abwechslung-in-satzanfaengen/ oder „Formulierungen für Einleitung, Hauptteil und Schluss" unter https://magazin.sofatutor.com/lehrer/aufsatz-rad-5-0-vorschlaege-fuer-einleitung-hauptteil-und-schluss/.

Zum Thema vergleichende Sprachbetrachtungen und zur Einbeziehung von Mehrsprachigkeit:

Informationen zu den Familiensprachen bieten die Sprachbeschreibungen des Projekts ProDaZ am Institut für DaZ/DaF an der Universität Duisburg-Essen. Verfügbar unter https://www.uni-due.de/prodaz/sprachbeschreibung.php

Praktische Tipps für spielerische Möglichkeiten, Mehrsprachigkeit in den Unterricht einzubeziehen, bieten die beiden folgenden Bände:

Schader, B. (2004). *Sprachenvielfalt als Chance. Handbuch für den Unterricht in mehrsprachigen Klassen.* Zürich: Orell Füssli.

Krifka, M., Błaszczak, J., Leßmöllmann, A., Meinunger, A., Stiebels, B., & Tracy, R. et al. (Hrsg.). (2014). *Das mehrsprachige Klassenzimmer: Über die Muttersprachen unserer Schüler.* Wiesbaden: VS-Verlag. https://doi.org/10.1007/978-3-642-34315-5

Zum Thema Unterricht für neu Zugewanderte:

ProDaZ am Institut für DaZ/DaF an der Universität Duisburg-Essen hat „Lehrmaterialien für Willkommensklassen" zusammengestellt mit Materialien und unterstützenden Werkzeugen für die Arbeit mit neu zugewanderten Schülerinnen und Schüler: Verfügbar unter https://www.uni-due.de/imperia/md/content/prodaz/lemawi_broschuere.pdf

Der „Suchassistent der Lehrwerke und Unterrichtsmaterialien für neu zugewanderte Schüler*innen" bietet eine Hilfe für das Finden von Lehrmaterialien: Verfügbar unter https://www.uni-due.de/prodaz/suchassistent.php?seite=1000

Die Landesweite Koordinierungsstelle Kommunale Integrationszentren (LaKI) NRW hat für den Unterricht mit neu zugewanderten Kindern und Jugendlichen eine Auswahl von Materialien zusammengestellt (z.B. Literaturlisten oder mehrsprachiges Informationsmaterial). Verfügbar unter https://kommunale-integrationszentren-nrw.de/node/277

Ein hilfreiches Buch für den grundlegenden Aufbau des Wortschatzes im Unterricht mit neu Zugewanderten:

Tschirner, E. (2010). *Lextra – Deutsch als Fremdsprache. Grund- und Aufbauwortschatz nach Themen A1-B2.* Lernwörterbuch Grund- und Aufbauwortschatz mit englischer Übersetzung/...mit arabischer Übersetzung. Berlin: Cornelsen.

Weiterführende Literatur

Anregungen zur Gestaltung von hilfreichen und lernförderlichen Rückmeldungen finden sich in:
Ruf, U., Keller, S., & Winter, F. (Hrsg.). (2008). *Besser lernen im Dialog*. Seelze-Velber: Kallmeyer.

Gibbons, P. (2006). Unterrichtsgespräche und das Erlernen neuer Register in der Zweitsprache. In P. Mecheril, & T. Quehl (Hrsg.), *Die Macht der Sprachen. Englische Perspektiven auf die mehrsprachige Schule* (S. 262–290). Münster: Waxmann.

Zum Thema kompetenzorientierten individualisierten Lernens mit Wochenplänen:

Vaupel, D. (2014). *Individualisiertes Lernen in der Sekundarstufe*. Weinheim Basel: Beltz Verlag. Auch verfügbar unter: https://dieter-vaupel.jimdofree.com/publikationsliste/downloads-pädagogik/

Zur Sprachbildung in allen Fächern:

Beese, M., Benholz, C., Chlosta, C., Gürsoy, E., Hinrichs, & B., Niederhaus, C. et al. (2014). *Sprachbildung in allen Fächern.* Deutsch Lehren Lernen 16. München: Goethe-Institut.

Leisen, J. (2017). *Handbuch Fortbildung Sprachförderung im Fach. Sprachsensibler Fachunterricht in der Praxis.* Stuttgart: Klett.

Neugebauer, C., & Nodari, C. (2012). *Förderung der Schulsprache in allen Fächern – Praxisvorschläge für Schulen in einem mehrsprachigen Umfeld. Kindergarten bis Sekundarstufe I.* Bern/Schweiz: Schulverlag plus.

Zum Thema Unterstützung neu Zugewanderter beim Erwerb fach- und bildungssprachlicher Kompetenzen:

Benholz, C., Magnus, F., & Niederhaus, C. (Hrsg.). (2016). *Neu zugewanderte Schülerinnen und Schüler – eine Gruppe mit besonderen Potentialen.* Beiträge aus Forschung und Schulpraxis. Münster: Waxmann.

QUALITÄTSMERKMAL 6

DIE LEHRKRÄFTE UND DIE SCHÜLERINNEN UND SCHÜLER ÜBERPRÜFEN UND BEWERTEN DIE ERGEBNISSE DER SPRACHLICHEN BILDUNG.

Lehrkräfte

Konkretisierung

Lehrkräfte sowie Schülerinnen und Schüler entwickeln gemeinsam eine konstruktive Haltung gegenüber dem Fehler. Lehrkräfte erkennen Fehler als Meilensteine auf dem Weg der Entwicklung. Sie geben den Schülerinnen und Schülern inhaltlich reiche, nachvollziehbare und für das weitere Lernen förderliche Rückmeldungen.

Die Lehrkräfte erfassen und bewerten (schrift-)sprachliche Leistungen kriterienorientiert.

Auch das Korrekturverhalten der Lehrkräfte ist kriterienorientiert sowie aufbauend und konstruktiv. Schülerinnen und Schülern werden die Fortschritte im Aufbau (bildungs-)sprachlicher Kompetenzen bewusstgemacht.

Die Lehrkräfte geben ihren Schülerinnen und Schülern Hilfen und Instrumente an die Hand, mit denen diese auch selbst zur Einschätzung ihrer sprachlichen Fähigkeiten und Fortschritte in der Lage sind.

Beispiele

► Kompetenzorientiertes Korrekturverhalten

Korrekturschleifen werden in den Unterricht eingebaut.

Den Schülerinnen und Schülern werden konkrete Anleitungen zur Optimierung oder Korrektur ihrer Äußerungen und Präsentationen gegeben. Die Anleitungen werden begründet.

► Förderung der Überarbeitungskompetenz / selbstregulierendes Lernen

Die Schülerinnen und Schüler erhalten Unterstützung bei der selbständigen Überarbeitung ihrer Schreibprodukte.

Praxishilfen

Konstruktives Feedback geben; Rückmeldungen im dialogischen Lernen; Umgang mit Fehlern; Beurteilung von Einträgen im Lernjournal sowie Videobeiträge zu allen Themen des dialogischen Lernens bietet die Website des Instituts für dialogisches Lernen und Unterrichtsentwicklung: https://www.lerndialoge.ch/herzlichwillkommen.html.

Schülerfeedback gestalten: Hinweise zur Durchführung und Gestaltung bietet das Landesinstitut für Lehrerbildung und Schulentwicklung. Hamburg. Verfügbar unter https://li.hamburg.de/agentur-angebote/12961136/angebote-feedback/

Dialogische Formen der Leistungsbeurteilung anhand von Videos, Unterrichtsbeispielen mit Konzept, Umsetzung und Material bietet das deutsche Schulportal. Verfügbar unter https://deutsches-schulportal.de/konzepte/portfolio-dialogische-form-der-leistungsbeurteilung/

Wie setze ich Feedbackverfahren zur eigenen und zur Kompetenzsteigerung von Schülerinnen und Schülern ein? Bildungsserver Berlin-Brandenburg, verfügbar unter https://bildungsserver.berlin-brandenburg.de/einstieg-lehramt-methoden

Darstellung verschiedener Feedbackmethoden bietet die Website des Bundesamts für Sport der Schweizerischen Eidgenossenschaft – die Hinweise sind durchaus auch über den Sportunterricht hinaus nützlich und verwendbar. Verfügbar unter https://www.mobilesport.ch/filter/#td=874

Welche Möglichkeiten in der Arbeit mit Portfolios stecken, zeigt der Videovortrag „Portfolio macht Lernen sichtbar" von Thomas Häcker (06.02.2020). Verfügbar unter https://deutsches-schulportal.de/stimmen/alternative-leistungsbewertung-portfolio-macht-lernen-sichtbar/

Zur Analyse des Lernverlaufs von Schülerinnen und Schülern kann das computergestützte Diagnoseinstrument Quop eingesetzt werden, und zwar für die Kompetenzbereiche Lesen und Rechnen

(Klasse 1 bis 6) und für das Fach Englisch (Klasse 5 bis 6). Verfügbar unter https://biss-transfer.uni-koeln.de/btools/quop-die-lernverlaufsdiagnostik/

Lehren und Lernen sichtbar machen. Die Website der Fachhochschule Nordwestschweiz/ Stiftung Mercator bietet mit Schulen erprobtes Material, Informationen und Videoeinführungen rund um das Thema Lernprozesse sichtbar machen, u. a. zur Gestaltung von Lernfeedbacks und zum Einholen von Unterrichtsfeedback. Verfügbar unter https://www.lernensichtbarmachen.ch/llsm/

Weiterführende Literatur

Bastian, J. (2015). Lernprozessorientiertes Feedback. Lernen sichtbar machen und darüber ins Gespräch kommen. *Pädagogik, 7–8*, 74–79.

Bastian, J., Combe, A., & Langer, R. (2016). *Feedback-Methoden. Erprobte Konzepte, evaluierte Verfahren* (4. Aufl.). Weinheim; Basel: Beltz.

Becker-Mrotzek, M., & Böttcher, I. (2015). *Schreibkompetenz entwickeln und beurteilen* (6. Aufl.). Berlin: Cornelsen Scriptor.

Gold, A. (2015). *Guter Unterricht. Was wir wirklich darüber wissen.* Göttingen: Vandenhoeck & Ruprecht. https://doi.org/10.13109/9783666701726

Keller, S., & König, F. (Hrsg.). (2017). *Kompetenzorientierter Unterricht mit Portfolio*. Bern: Hep.

Schwarz, J., Volkwein, K., & Winter, F. (Hrsg.). (2008). *Portfolio im Unterricht. 13 Unterrichtseinheiten mit dem Portfolio*. Seelze-Velber: Klett Kallmeyer.

Souvignier, E. (2018). Computerbasierte Lernverlaufsdiagnostik. In *Lernen und Lernstörungen 7* (S. 219–223). doi: https://doi.org/10.1024/2235-0977/a000240

Titz, C., Weber, S., Ropeter, A., Geyer, S., & Hasselhorn, M. (Hrsg.). (2018). *Konzepte zur Sprach- und Schriftsprachförderung umsetzen und überprüfen. Bildung durch Sprache und Schrift*. Band 2. Stuttgart: Kohlhammer.

Zu Förderung der Überarbeitungskompetenz und des selbstregulierenden Lernens:

Ferencik-Lehmkuhl, D., Schwinning, S., & Bremerich-Vos, A. (2015). Schreiben und Lesen fördern. Vorschläge zur Praxis des Deutschunterrichts. In W. Bos, & H. Wendt (Hrsg.), *Ganz In. Mit Ganztag mehr Zukunft. Das neue Ganztagsgymnasium NRW.* Materialien für die Praxis. Münster: Waxmann.

Marx, N., & Steinhoff, T. (2017). *Schreibförderung in der multilingualen Orientierungsstufe. Zur Wirksamkeit des wiederholten Einsatzes unterschiedlich profilierter Revisionsarrangements auf die Textproduktion von Schülerinnen und Schülern der 6. Jahrgangsstufe in Oberschulen, Gesamtschulen und Gymnasien in den Erstsprachen Deutsch und Türkisch und in der Zweitsprache Deutsch.* Abschlussbericht für das BMBF. Verfügbar unter https://www.tib.eu/de/suchen/id/TIBKAT%3A886945909/

Stebner, F., Schiffhauer, S., Schmeck, A., Schuster, C., Leutner, D., & Wirth, J. (2015). Selbstreguliertes Lernen in den Naturwissenschaften. Praxismaterial für die 5. und 6. Jahrgangsstufe. In W. Bos, & H. Wendt (Hrsg.), *Ganz In. Mit Ganztag mehr Zukunft. Das neue Ganztagsgymnasium NRW.* Materialien für die Praxis. Münster: Waxmann.

Schülerinnen und Schüler

Konkretisierung

Die Schülerinnen und Schüler führen Portfolios für die Selbstevaluation von sprachlichen Fähigkeiten. Die Portfolios schließen auch Mehrsprachigkeitserfahrungen ein.

Die Schülerinnen und Schüler werden ermutigt, auf die angemessene sprachliche Form ihrer mündlichen oder schriftlichen Äußerungen zu achten. Sie berücksichtigen dabei, dass Äußerungen, die in einer Situation vollkommen angemessen sind, in einer anderen Situation gänzlich unangemessen sein können.

Die Schülerinnen und Schüler nutzen Gelegenheiten zur Selbstkorrektur.

Die Schülerinnen und Schüler pflegen den konstruktiven Austausch untereinander, nicht nur über inhaltliche Fragen, sondern auch mit Blick auf die Formen der sprachlichen Darstellung.

Die Schülerinnen und Schüler achten auch auf die Angemessenheit von Äußerungen ihrer Mitschülerinnen und Mitschüler und kommentieren oder korrigieren diese in unterstützender Weise.

Beispiele

Nutzung von Portfolios zur Förderung der Reflexionsfähigkeit und Unterstützung beim Erwerb von Lernkompetenz.

Förderliche Tipps und Ratschläge nach mündlichen Präsentationen geben (z. B. „Bühnensprache verwenden").

Praxishilfen

Schüler geben Mitschülern ein Feedback. Lehrerinnenfortbildung Baden-Württemberg. Verfügbar unter https://lehrerfortbildung-bw.de/u_mks/sport/gym/bp2004/fb2/03_kriterien /08_feed/01_hand/2_s_m/

Den eigenen Lernweg gestalten. Beispiel für das Einsetzen eines kompetenzorientierten Lernwegheftes in der Grundschulzeit. Unterrichtsvideo, Umsetzung, Material. Das deutsche Schulportal ist verfügbar unter https://deutsches-schulportal.de/konzepte/lernweg-lernprozesse-erkennen-und-selbst-gestalten/.

Edkimo ist eine digitale Kommunikationsplattform der Leuphana Universität Lüneburg und bietet u. a. Lehrkräften eine App, mit der sie ein konstruktives Feedback der Lerngruppe einholen und auswerten können. Verfügbar unter https://edkimo.com/de/schuelerfeedback/ und https://edkimo.com/de/

SEfU-online.de (Schülerinnen und Schüler als Experten für Unterricht) ist ein Instrument zur Selbstevaluation des eigenen Unterrichts, das speziell für die Unterstützung der individuellen Unterrichtsentwicklung konzipiert wurde. Lehrerinnen und Lehrer können sich mit SEfU ein Bild über Ihren Unterricht aus Sicht der Schülerinnen und Schüler verschaffen. Friedrich-Schiller-Universität Jena. Kostenlos verfügbar unter https://www.sefu-online.de/index.php/

Weiterführende Literatur

Buhren, C. (Hrsg.). (2015). *Handbuch Feedback in der Schule*. Teil IV: Schülerfeedback (S. 211–283). Weinheim: Beltz.

Kort, A. (2015). *Portfolioarbeit aus der Perspektive von Schüler/innen und Lehrer/innen – Entwicklung, Erprobung und Auswertung eines Konzepts zur Umsetzung von Portfolioarbeit in der Grundschule* (Dissertation). LMU München: Fakultät für Psychologie und Pädagogik. Verfügbar unter https://edoc.ub.uni-muenchen.de/19200/

Zierer, K., Wisniewski, B., Schatz, C., Weckend, D., & Helmke, A. (2019). Wie kann Feedback der Lernenden die Unterrichtsqualität verbessern? *Journal für LehrerInnenbildung, 19,* 26–40. Verfügbar unter http://nbn-resolving.de/urn:nbn:de:0111-pedocs-181084

3 SPRACHBILDUNG ALS INHALT IM LEHRAMTSSTUDIUM

Tobias Schroedler
Universität Duisburg-Essen

Der Beitrag von Tobias Schroedler richtet sich an Lehrkräfte, die mit den Qualitätsmerkmalen arbeiten und an einem Überblick interessiert sind, welche Inhalte künftige Kolleginnen und Kollegen aus ihrem Studium in die Sprachbildungsarbeit der Schule einbringen können.

Zunächst gibt Tobias Schroedler einen Überblick, wie das Thema Sprachbildung an deutschen Hochschulen verankert ist. Für die Bereiche sprachbewusste Unterrichtsplanung, sprachliche Unterstützungsmaßnahmen und Sprachdiagnostik zeigt Schroedler Beispiele der inhaltlichen Bearbeitung im Studium, die auch für berufserfahrene Lehrkräfte interessant sind. Abschließend werden Projekte zum Thema Sprachbildung vorgestellt, die sich an alle Lehrkräfte richten.

Um bestehenden Leistungsdisparitäten zwischen Schülerinnen und Schülern mit und ohne Migrationshintergrund im deutschen Schulsystem entgegenzuwirken, bemühen sich Akademikerinnen und Akademiker unterschiedlicher Disziplinen seit geraumer Zeit, zukünftige Lehrkräfte angemessen auf den Umgang mit sprachlicher Heterogenität im Unterricht vorzubereiten. Diese Vorbereitung im Lehramtsstudium unterscheidet sich jedoch zwischen den Bundesländern, zwischen Hochschulen und zwischen Studiengängen. Inwiefern jede einzelne angehende Lehrkraft dazu ausgebildet wird, bildungssprachförderlichen Unterricht zu gestalten oder angemessen mit Deutsch als Zweitsprache (DaZ) und Mehrsprachigkeit im Fachunterricht umzugehen, kann kaum in seiner Vollständigkeit dargestellt werden. In der größten Überblicksstudie, die 2016 vom Sachverständigenrat deutscher Stiftungen für Integration und Migration herausgegeben wurde, wird erklärt, dass zwölf der deutschen Bundesländer Regelungen für Sprachbildung im Fach aufgesetzt haben (SVR, 2016). In sieben Ländern sind angehende Lehrkräfte gesetzlich dazu verpflichtet, mindestens einen Kurs zum Thema Sprachbildung zu absolvieren. Über alle 70 lehramtsausbildenden Hochschulen Deutschlands hinweg gibt es große Unterschiede, da die konkrete Umsetzung stets den Hochschulen obliegt. Diese Unterschiede können sowohl systemischer als auch inhaltlicher Art sein (vgl. Schroedler & Lengyel, 2018).

Auf systemischer Ebene stellt sich die Frage, ob zukünftige Lehrkräfte verpflichtend oder freiwillig Angebote im Bereich Sprachbildung wahrnehmen. So zeigt sich, dass deutlich häufiger angehende Grundschullehrkräfte mit ebensolchen Angeboten in Kontakt kommen. In oben genannter Studie beschreiben die Autorinnen und Autoren, dass 63 Prozent aller Studierenden im Grundschullehramt zu einer Teilnahme an (mindestens) einer ebensolchen Veranstaltung verpflichtet werden. Für zukünftige Lehrkräfte an Gymnasien liegt dieser Wert bei 38 Prozent. Zudem werden zwei Bundesländer, Bremen und Nordrhein-Westfalen, als positive Ausnahmen genannt, wo alle Studierenden ein umfangreiches Angebot zu DaZ und Sprachbildung verpflichtend wahrnehmen müssen. An den Universitäten Bremen und Duisburg-Essen müssen 15 respektive 22 Leistungspunkte (LP) erworben werden. In Bayern kann DaZ als zusätzliches Schulfach in einem Umfang von 66 LP studiert werden. In Hessen gibt es eine gesetzliche Vorgabe, dass Studierende eine Zusatzprüfung für DaZ ablegen können (SVR, 2016, S. 11–13).

Es zeigt sich, dass der vorgesehene Umfang von Maßnahmen, die angehende Lehrkräfte dazu befähigen sollen, sprachbewussten Unterricht zu gestalten, stark variiert. Darüber hinaus weichen Lehramtsstudiengänge in den Bereichen Struktur bzw. Studienphase, in der relevante Inhalte thematisiert werden, stark voneinander ab. Ähnlich verhält es sich mit Fragen nach der Verantwortlichkeit (kommen entsprechende Angebote beispielsweise eher aus der Linguistik oder der Erziehungswissenschaft) sowie dem Grad der Verpflichtung (gibt es Wahlpflicht- bzw. frei wählbare Angebote).

Eine inhaltliche Klassifizierung der Angebote in der deutschen Lehrerbildungslandkarte ist eine noch größere Herausforderung. Die unterschiedlichen Studienstandorte arbeiten mit verschiedenen Begrifflichkeiten, was auch davon abhängt, welche wissenschaftliche(n) Disziplin(en) an den Angeboten beteiligt sind und welche die Federführung inne hat und damit fachwissenschaftliche Akzentuierungen vornimmt. So konstatieren Baumann und Becker-Mrotzek (2014) in ihrer Studie, dass Berlin sein Angebot *Deutsch als Zweitsprache* nennt, Nordrhein-Westfalen spricht von *Deutsch für Schülerinnen und Schüler mit Zuwanderungsgeschichte*, Hamburg von *Heterogenität* und Rheinland-Pfalz von *Mehrsprachigkeit* (Baumann & Becker-Mrotzek, S. 7). Hinzu kommt, dass unter einem Überbegriff häufig viele Inhalte vermittelt werden. Wenn beispielsweise Studierende eine umfangreiche Anzahl an LP in ihrem ‚DaZ-Modul' erwerben, werden sie möglicherweise Wissen und Kompetenzen in den Bereichen Zweitspracherwerb, sprachliche Register, Mehrsprachigkeit, Sprachstandsdiagnostik, etc. erwerben (vgl. Schroedler & Lengyel, 2018).

Inhalte

Orientiert an den Qualitätsmerkmalen wird nun beispielhaft erläutert, wie sich angehende Lehrkräfte in ihrem Hochschulstudium mit Inhalten auseinandersetzen, die sie zu einer Gestaltung bildungssprachförderlichen bzw. sprachbewussten Unterrichts befähigen sollen. Die folgenden Beispiele und die darin enthaltenen Literaturverweise stellen naturgemäß lediglich einen kleinen, exemplarischen Ausschnitt aus einer größeren Bandbreite von Themen dar, die im Lehramtsstudium behandelt werden. Die Näherung an konkret vorgestellte, potenzielle Inhalte zum Thema bildungssprachförderlicher Unterricht im Lehramtsstudium wird hierbei in drei Bereiche aufgeteilt: Unterrichtsplanung, sprachliche Unterstützungsmaßnahmen im Unterricht und Sprachdiagnostik.

Unterrichtsplanung

Damit angehende Lehrkräfte in ihrem Studium die Gelegenheit erhalten, sich gewisse Basiskompetenzen für die Gestaltung sprachbewussten Fachunterrichts anzueignen, ist eine Thematisierung von entsprechender Unterrichtsplanung ein elementarer Bestandteil in vielen Lehramtsstudiengängen. Um Studierenden konkrete, nutzbare *Werkzeuge* zu vermitteln, kann in diesem Kontext beispielsweise gut mit sogenannten Planungsrahmen gearbeitet werden (Michalak et al., 2015, S. 125; Tajmel & Hägi-Mead, 2017, S. 74). Bevor allerdings überhaupt mit der Arbeit mit Planungsrahmen begonnen wird, sollten sich angehende Lehrkräfte zunächst mit ihrem eigenen Wissen über Mehrsprachigkeit, die Rolle von Sprache im Lehr-Lernprozess, mündlich und schriftlich geprägte Sprache, Sprachhandlungsfähigkeit sowie weitere Facetten der eigenen Sensibilität gegenüber der Rolle von Sprache kritisch auseinandersetzen (vgl. Tajmel & Hägi-Mead, 2017). Sobald in diesem Bereich eine eigene kritisch-reflexive Auseinandersetzung stattgefunden hat, kann in Lehrveranstaltungen als Übungssituationen mit konkreten, wenn auch zumeist fiktiven, Unterrichtsplanungen begonnen werden. Die Autorinnen Tajmel und Hägi-Mead stellen hierzu drei Raster bzw. Tabellen vor, mit denen Lehrkräfte sich in der Planung ihres Unterrichts mit den darin enthaltenen sprachlichen Anforderungen und Besonderheiten auseinandersetzen können. Hierzu gehören der Planungsrahmen, das Konkretisierungsraster und die Schlüsselworttabelle. Der Planungsrahmen für sprachbewusste Unterrichtsgestaltung geht zurück auf Arbeiten von Gibbons (2015) und wurde beispielsweise von Quehl und Trapp (2015) im Kontext von Sprachbildung im Sachunterricht adaptiert. Der Zweck des Planungsrahmens besteht darin, dass sich Lehrkräfte in der Planungsphase ihres Unterrichts damit auseinandersetzen, welche Themen und Aktivitäten in ihrem Unterricht vorkommen, welche Sprachhandlungen hierfür nötig sein werden sowie darüber, welche Vokabeln und Sprachstrukturen seitens der Lehrkraft von Schülerinnen und Schülern erwartet werden. Dargestellt in einer Tabelle (Tajmel & Hägi-Mead, 2017, S. 74), die Lehramtsstudierende zu Übungszwecken und praktizierende Lehrkräfte zur tatsächlichen Unterrichtsvorbereitung nutzen können, hilft der Planungsrahmen unter anderem dabei, sich den sprachlichen Anforderungen des eigenen Unterrichts bewusst zu werden sowie als Lehrkraft darauf zu achten, dass Schülerinnen und Schüler ausreichende Gelegenheiten erhalten, durch angemessenes sprachliches Handeln im Erwerb bildungssprachlicher Kompetenzen unterstützt zu werden. Als eine Ergänzung zum Planungsrahmen wird ein Konkretisierungsraster vorgestellt, durch das einzelne Unterrichtssequenzen bzw. einzelne Aufgaben im Vorhinein auf ihre Anforderungen bezüglich Sprachhandlungen und sprachlicher Strukturen hin untersucht werden (Tajmel & Hägi-Mead, 2017, S. 77). In Lehrveranstaltungen können Lehramtsstudierende mit diesem Hilfsmittel bestehendes konventionelles Lehr-Lernmaterial auf sprachliche Anforderungen hin untersuchen sowie eigene Aufgaben entwickeln, die sie mit Hilfe des Konkretisierungsrasters auf ihre Qualität hinsichtlich der Gestaltung eines sprachbewussten Unterrichts überprüfen. Als drittes Instrument zur Nutzung in der Unterrichtsplanungsphase stellen die Autorinnen die Schlüsselworttabelle vor. Als Schlüsselwörter gelten hier für eine Unterrichtseinheit besonders zentrale Begrifflichkeiten. Die von den Autorinnen entwickelte Tabelle (Tajmel & Hägi-Mead, 2017, S. 83) sieht vor, dass sich Lehrkräfte präzise Gedanken über ebensolche Schlüsselwörter machen, bevor Unterrichtseinheiten oder -reihen durchgeführt werden. Hierzu gehört eine Bewusstmachung von Assoziationen, alltäglichen und fachlichen Bedeutungsunterschieden, Bedeutung in anderen Sprachen, ein Nachdenken über Synonyme, Antonyme und Redewendungen sowie Wortbildungen und Komposita eines Schlüsselworts. Bedingt durch die eingangs geschilderten großen systemischen und curricularen Unterschiede zwischen Lehramtsstudiengängen an verschiedenen Hochschulen kann vermutlich nicht davon ausgegangen werden, dass alle angehenden Lehrkräfte sich in ihrem Studium mit Inhalten der Planung von sprachbewusstem Unterricht beschäftigt haben. Ferner besteht in Lehrveranstaltungen, die solche oder vergleichbare Inhalte vorsehen, häufig ein stark abweichendes Vorwissen Lehramtsstudierender, vor allem in höheren Fachsemestern. So muss, wie in anderen Disziplinen auch, in der Vorbereitung angehender Lehrkräfte für den Umgang mit sprachlicher Heterogenität im Unterricht stets erörtert werden, wieviel sprachliches Wissen, sprachliche Bewusstheit und Sensibilität in einer Gruppe Lehramtsstudierender vorherrscht. Hieraus ergibt sich dann, wie detailliert in Übungsphasen akademischer Lehrveranstaltungen an sprachbewusster Unterrichtsplanung gearbeitet werden kann.

Sprachliche Unterstützungsmaßnahmen

Als ein zweites Thema, das in Lehramtsstudiengängen im Kontext einer Vorbereitung angehender Lehrkräfte für eine Gestaltung sprachbewussten Unterrichts häufig behandelt wird, soll hier nun kurz auf Methoden der Unterstützung sprachlich schwacher Schülerinnen und Schüler eingegangen werden. Das wohl mutmaßlich prominenteste Thema in diesem Kontext ist das Konzept des Scaffoldings. Übersetzt als ‚Gerüst bauen' geht die Idee des Scaffoldings zurück auf Arbeiten von Lew Wygostski und Jerome Bruner. Letztgenannter setzte sich Mitte des 20. Jahrhunderts damit auseinander, wie sich Interaktionsprozesse zwischen Mutter und Kind beim Lösen komplexer Aufgaben darstellen. Hierzu gehörten unter anderem sprachliche Anleitungen im Erstspracherwerb. Als eine der prominentesten Vertreterinnen in der englischsprachigen Literatur griff Pauline Gibbons die Idee auf und erarbeitete elaborierte Konzepte dazu, wie Lernende durch Scaffolding im Unterricht in ihrem Spracherwerb unterstützt werden können (Gibbons, 2015). In der jüngeren Literatur und in Lehrveranstaltungen für angehende Lehrkräfte in Deutschland finden sich häufig Arbeiten wie beispielsweise Kniffka (2012) oder Quehl und Trapp (2015). Als besonders relevante Aspekte des Scaffoldings im Sinne von sprachlichen Unterstützungsmaßnahmen für Lernende in der Lehramtsausbildung können Unterschiede zwischen Mikroscaffolding (in der Unterrichtsinteraktion) und Makroscaffolding (Bedarfsanalyse und Unterrichtsplanung) sowie die unterschiedlichen Ebenen und Phasen des eingesetzten Scaffoldings thematisiert werden. In der konkreten Umsetzung in Lehrveranstaltungen für angehende Lehrkräfte bieten sich neben der Einführung in die relevante Lehr-Lerntheorie eine Reihe von Möglichkeiten für die Auseinandersetzung mit Scaffolding. So können z. B. Transkripte realer Unterrichtsinteraktionen dahingehend analysiert werden, wie Lehrkräfte Schülerinnen und Schüler sprachlich unterstützen, es können Unterrichtsentwürfe verschriftlich werden, die bestimmte Aspekte des Scaffoldings und der sprachlichen Binnendifferenzierung berücksichtigen, und es können auf Basis von bestehendem oder selbst entworfenem Lehr-Lernmaterial sprachliche Unterstützungsmaßnahmen im Sinne des Scaffoldings erarbeitet werden.

Neben grundständigen Scaffolding-Maßnahmen und -Strategien findet sich in der didaktischen und methodischen Ausbildung angehender Lehrkräfte auch die Thematisierung weiterer Methoden für die sprachsensible Gestaltung von Fachunterricht. Ein Beispiel für eine umfangreiche Sammlung solcher Methoden-Werkzeuge findet sich in Leisen (2013). Neben 40 einzelnen Methoden-Werkzeugen wie „Wortliste", „Wortgeländer", „Filmleiste" werden Lesestrategien, Schreibstrategien sowie Sprech-, Schreib- und Leseübungen praxisnah vorgestellt. Ähnlich wie bei der oben beschriebene Unterrichtsplanung divergieren Studieninhalte sowie deren hochschuldidaktische Umsetzung, Schwerpunktsetzung und Ausführlichkeit naturgemäß auch in der Behandlung von Unterrichtsmethodik für sprachbewussten Unterricht.

Sprachdiagnostik

Als drittes und letztes Themengebiet, das hier als beispielhafter Inhalt von Lehramtsstudiengängen skizziert werden soll, wird im Folgenden auf Sprach(stands)diagnostik eingegangen. Um dem Leistungsstand einzelner Schülerinnen und Schüler in sprachlich heterogenen Klassen gerecht zu werden, um an sprachlichen Defiziten gezielt zu arbeiten und um Stärken auszubauen, benötigen Lehrkräfte möglichst präzise Abbildungen des Leistungsstands ihrer Lernenden (vgl. Michalak, 2012). Hierzu benötigen Lehrkräfte Kenntnisse über und Kompetenzen im Umgang mit Sprachdiagnostikverfahren, die sie sich zum Teil in ihrem Studium aneignen können. Auch in diesem Bereich unterscheiden sich Studiengänge, Hochschulstandorte und einzelne Lehrveranstaltungen sehr stark in Bezug auf verwendete Theorie, Fokussierung von Diagnoseverfahren sowie Ausführlichkeit von praktischer Übung und Anwendung solcher Verfahren. Bereits die zugrundeliegende Theorie stellt eine gewisse Herausforderung dar, da zum Verständnis von Reliabilität, Validität und Durchführbarkeit von Sprachdiagnostikverfahren Einblicke in Testtheorie, linguistische Theorie und Spracherwerbsforschung gehören. Neben diesem Theorieverständnis gilt es, Typologisierungen bzw. Systematisierungen der unterschiedlichen zur Verfügung stehenden Verfahren zu verstehen. Hierzu gehören Unterscheidungen, wie beispielsweise die von Reich (2006) in Schätzverfahren, Beobachtungsverfahren, Profilanalysen, Tests und Screenings.

Als eine von vielen Schriften kann man sich für die Gestaltung einer Lehrveranstaltung zum Thema Sprachdiagnostik für angehende Lehrkräfte beispielsweise an dem Sammelband von Lengyel et al. (2009) orientieren. Instrumente wie z. B. das Testverfahren" LiSe-DaZ" bzw. die Profilanalyse „HAVAS 5" eignen sich gut, um mit Lehramtsstudierenden anwendungsorientiert zu erarbeiten, wie Sprachdiagnoseverfahren für Kinder funktionieren. Darüber hinaus ist auch eine Auseinandersetzung mit angeleiteten Schätzverfahren sowie qualifizierten Beobachtungen sinnvoll. Auch in diesem Feld können Lehrveranstaltungen unterschiedlich umgesetzt werden: Um einen Praxisbezug herzustellen, können Studierende z. B. versuchen in Partnerarbeit oder (unter gewissen Bedingungen) im privaten Umfeld Diagnoseverfahren anzuwenden. Neben einer Bearbeitung zugrundeliegender Theorie und praxisnahen Übungen mit Diagnoseinstrumenten sollte ebenfalls thematisiert werden, wie diagnosegestützte Interpretationen erstellt und weiterverarbeitet werden, also wie diese in die pädagogische Praxis einfließen.

Aktuelle Entwicklungen, Vorbereitungsdienst und Fortbildung

Für fortführende Verbesserungsmaßnahmen in den Lehramtsstudiengängen an deutschen Hochschulen wurden seit 2015 im Rahmen der Qualitätsoffensive Lehrerbildung (QLB) des Bundesministeriums für Bildung und Forschung 500 Millionen Euro für 49 Projekte bundesweit zur Verfügung stellt (BMBF, S. 6), wobei nicht alle QLB-Projekte einen inhaltlichen Fokus im Bereich Sprachbildung und Diversität setzen. Nach eigenen Recherchen anhand der Internetauftritte aller QLB-Projekte kann festgehalten werden, dass sich 30 der 49 Projekte explizit mit dem Thema Sprache bzw. DaZ/Sprachbildung befassen (vgl. Schroedler & Lengyel, 2018).

Die Ausbildung angehender Lehrkräfte endet nicht mit dem Lehramtsstudium, sondern setzt sich im Vorbereitungsdienst (Referendariat) fort und geht durch die Praxiserfahrungen sowie durch Fortbildungen über das gesamte Berufsleben hinweg weiter. Dies gilt auch für Kompetenzen im Umgang mit sprachlicher Heterogenität im Unterricht. In der Forschung gibt es keinen Konsens darüber, welche Facetten professioneller Kompetenz im Bereich sprachlicher Bildung in welcher Phase der Lehramtsausbildung vermittelt und angeeignet werden sollen und können. So könnten z. B. die theoretischen Grundlagen zur Sprachbildung und sprachlich-kulturellen Heterogenität in die erste Phase der Ausbildung gelegt werden, während in der zweiten Phase die Unterrichtsgestaltung gemäß eines ‚kompetenzorientierten Unterrichts' (Sieberkorb & Caspari, 2017) akzentuiert werden könnte. In Bezug auf Sprachbildung würde dies bedeuten, dass Lehrkräfte in der zweiten Phase auf eine Unterrichtsplanung und -gestaltung vorbereitet werden, durch die sich Schülerinnen und Schüler sprachliche und fachliche Register aneignen können. Hierfür ist eine phasenübergreifende Kooperation erforderlich, die künftig gestärkt werden müsste. Im Bereich der oben beschriebenen

QLB-Projekte befassen sich lediglich zwei von 49 Standorten mit Arbeiten im Bereich Sprachbildung, die in der ersten Phase der Ausbildung beginnen und übergreifend auf die zweite Phase ausgeweitet werden (vgl. Schroedler & Lengyel, 2018).

Neben der Qualitätsoffensive Lehrerbildung gibt es eine Reihe weiterer Projekte und Bestrebungen, die Fortbildungen und ein lebenslanges Lernen von Lehrkräften im Bereich Sprachbildung ermöglichen sollen. Hierzu gehören unter anderem die Initiative „Bildung durch Sprache und Schrift" (BiSS) sowie die Projekte MehrSprachen und MIKS, die im Folgenden kurz vorgestellt werden. In der Initiative BiSS, die gemeinsam von Bund und Ländern von 2013–2019 gefördert wurde, wurden Konzepte und Maßnahmen zur Sprachförderung in Schulen und Kitas begleitet, (weiter-)entwickelt und evaluiert. Seit März 2020 wird das Projekt BiSS-Transfer vom Bundesministerium für Bildung und Forschung darin unterstützt, die entwickelten Erkenntnisse, Materialien, Fortbildungsmaßnahmen, Broschüren und Handreichungen bundesweit weiter in die Praxis umzusetzen. Ausführliche Informationen sowie Material und Handreichungen stehen auf der Projektwebsite zur Verfügung (https://biss-sprachbildung.de/).

Weitere interessante aktuelle Projekte versammeln sich im Forschungsschwerpunkt „Sprachliche Bildung und Mehrsprachigkeit" (ebenfalls gefördert durch das Bundesministerium für Bildung und Forschung), der von der „Koordinierungsstelle Mehrsprachigkeit und sprachliche Bildung (KoMBi)" (https://www.kombi.uni-hamburg.de) koordiniert wird. Hierzu gehören unter anderem das Projekt „Mehrsprachigkeit als Handlungsfeld interkultureller Schulentwicklung (MIKS)" sowie das „MehrSprachen"-Projekt. In letzterem Projekt wird unter anderem untersucht, wie Lehrkräfte dazu fortgebildet werden können, Mehrsprachigkeit im Deutschunterricht nutzbar zu machen. In MIKS wurde zwischen 2013 und 2016 eine Maßnahme zur Professionalisierung und Schulentwicklung mit dem Ziel Mehrsprachigkeit als Ressource im Grundschulunterricht zu nutzen entwickelt und erprobt. In einer zweiten Förderphase von 2016–2019 wurden diese Maßnahmen in Kooperation mit der landesweiten Koordinierungsstelle der kommunalen Integrationszentren des Landes Nordrhein-Westfalen durch Multiplikatorenschulungen, also einer Ausbildung von Fortbildnerinnen und Fortbildnern, disseminiert (KoMBi, 2020).

Wie oben wiederholt angedeutet, beschränkt sich die Vorstellung von Inhalten im Lehramtsstudium sowie der Überblick über relevante Initiativen, Materialen und Fortbildungsangebote auf eine Auswahl ebensolcher Themen und Angebote. Weitere Materialien, Verweise auf Praxistransfer, Forschungsprojekte und Publikationen finden sich unter anderem auf den Internetpräsenzen des Mercator-Instituts für Sprachförderung und Deutsch als Zweitsprache (https://www.mercator-institut-sprachfoerderung.de), des Berliner Projekts Sprachen-Bilden-Chancen (https://www.sprachen-bilden-chancen.de), der proDaZ Initiative (https://www.uni-due.de/prodaz/), der Hamburger Praxisseite Mehrsprachigkeit (https://www.mehrsprachigkeit.uni-hamburg.de) und bei vielen weiteren universitären Institutsseiten und (Fort-)Bildungseinrichtungen.

Literatur

Baumann, B., & Becker-Mrotzek, M. (2014). *Sprachförderung und Deutsch als Zweitsprache an deutschen Schulen: Was leistet die Lehrerbildung? Überblick, Analysen und Handlungsempfehlungen*. Köln: Mercator-Institut für Sprachförderung und Deutsch als Zweitsprache.

Bundesministerium für Bildung und Forschung (Hrsg.). *Neue Wege in der Lehrerbildung. Die Qualitätsoffensive Lehrerbildung.* Berlin: BMBF.

Gibbons, P. (2015). *Scaffolding language, scaffolding learning: Teaching English language learners in the mainstream classroom*. Portsmouth: Heinemann.

Kniffka, G. (2012). Scaffolding – Möglichkeiten, im Fachunterricht sprachliche Kompetenzen zu vermitteln. In M. Michalak, & M. Kuchenreuther (Hrsg.), *Grundlagen der Sprachdidaktik Deutsch als Zweitsprache* (S. 108–225). Baltmannsweiler: Schneider Hohengehren.

KoMBi – Koordinierungsstelle für Mehrsprachigkeit und sprachliche Bildung (2020). *Forschungsschwerpunkt sprachliche Bildung und*

Mehrsprachigkeit 2013–2020: Projektvorstellungen und Ergebnisse der 1. und 2. Förderphase: Universität Hamburg. Verfügbar unter https://www.mehrsprachigkeit.uni-hamburg.de/bilder/broschuere-forschungsschwerpunkt-sprachliche-bildung-mehrsprachigkeit.pdf

Leisen, J. (2013). *Handbuch Sprachförderung im Fach: Sprachsensibler Fachunterricht in der Praxis*. Stuttgart: Ernst Klett Sprachen.

Lengyel, D., Reich, H. H., Roth, H.-J., & Döll, M. (Hrsg.). (2009). *Von der Sprachdiagnose zur Sprachförderung*. Münster: Waxmann.

Michalak, M. (2012). Von der Sprachstandsdiagnose zur sprachlichen Förderung. In M. Michalak, & M. Kuchenreuther (Hrsg.), *Grundlagen der Sprachdidaktik Deutsch als Zweitsprache* (S. 198–203). Baltmannsweiler: Schneider Hohengehren.

Michalak, M., Lemke, V., & Goeke, M. (2015). *Sprache im Fachunterricht: Eine Einführung in Deutsch als Zweitsprache und sprachbewussten Unterricht*. Tübingen: Narr.

Quehl, T., & Trapp, U. (2015). *Wege zur Bildungssprache im Sachunterricht: Sprachbildung in der Grundschule auf der Basis von Planungsrahmen*. Münster: Waxmann.

Reich, H. (2006). Tests und Sprachstandsmessungen bei Schülern und Schülerinnen, die Deutsch nicht als Muttersprache haben. In U. Bredel, H. Günther, P. Klotz, & G. Siebert (Hrsg.), *Didaktik der deutschen Sprache* (S. 914–923). Paderborn: Schöning.

Schroedler, T., & Lengyel, D. (2018). Umgang mit sprachlich-kultureller Heterogenität im Fachunterricht – Was kann die erste Phase der Lehrerbildung leisten? *SEMINAR 4/2018 Interkulturelles Lernen in Schule und Seminar*.

Sieberkorb, M., & Caspari, D. (2017). Entwicklung sprachbildender Aufgaben in den Fächern. In D. Caspari (Hrsg.), *Sprachbildung in den Fächern: Aufgabe(n) für die Fachdidaktik. Materialien für die Lehrkräftebildung* (S. 7–17). Berlin.

SVR: Forschungsbereich beim Sachverständigenrat deutscher Stiftungen für Integration und Migration GmbH (Hrsg.). (2016). *Lehrerbildung in der Einwanderungsgesellschaft. Qualifizierung für den Normalfall Vielfalt.* Policy Brief des SVR-Forschungsbereichs und des Mercator-Instituts für Sprachförderung und Deutsch als Zweitsprache, gefördert von der Stiftung Mercator. Berlin: SVR GmbH.

Tajmel, T., & Hägi-Mead, S. (2017). *Sprachbewusste Unterrichtsplanung: Prinzipien, Methoden und Beispiele für die Umsetzung.* FörMig Material: Band 9. Münster, New York: Waxmann.

4 GLOSSAR

Bildergeschichte/Bildsequenz

Bildergeschichten kombinieren Wort- und Textmaterial. Mit Hilfe von Bildergeschichten können zeitliche Abläufe verdeutlicht werden. Bildergeschichten können von den Lehrkräften vorbereitet werden oder die Schülerinnen und Schüler visualisieren selber Inhalte, um sich diese zu erschließen.

Zum Weiterlesen mit Beispielen: Leisen, J. (2003) (Hrsg.). *Methodenhandbuch des Deutschsprachigen Fachunterrichts (DFU)*. 2., erweiterte Auflage. Bonn: Varus.

Didaktisierte Leseaufträge

Lehrkräfte können zu Lesetexten Aufträge entwickeln, die Kindern und Jugendlichen beim Lesen und Verstehen helfen – sie „didaktisieren" Lesetexte. Gute Aufträge führen Lesende in den Text hinein und begleiten sie beim Lesen. Durch die regelmäßige Arbeit mit solchen didaktisierten Lesetexten können Kinder und Jugendliche ihre Lesekompetenz erweitern. Sie trainieren verschiedene Lesestile und entwickeln Lesestrategien, die sie selbstständig und schließlich auch ohne Anleitung einsetzen.

Zum Weiterlesen: Neugebauer, C. (2005). Grundlagen. Didaktisierte Texte – Was ist das? In: Sträuli Arslan, B. (Hrsg.). *Leseknick – Lesekick. Leseförderung in vielsprachigen Schulen.* Zürich: Lehrmittelverlag des Kantons Zürich.

Filmleiste

Mit Hilfe einer Filmleiste werden zeitliche Abläufe in einer Bildersequenz veranschaulicht, z. B. ein Versuchsablauf. Eine Filmleiste kann Schülerinnen und Schüler dabei unterstützen, die zeitliche und logische Reihenfolge beim Schreiben eines Textes zu sichern. Filmleisten können durch Wortlisten ergänzt werden.

Zum Weiterlesen mit Beispielen: Leisen, J. (2003) (Hrsg.). *Methodenhandbuch des Deutschsprachigen Fachunterrichts (DFU)*. 2., erweiterte Auflage. Bonn: Varus.

Formwörter/Strukturwörter/Partikel

Im Deutschen gibt es zahlreiche „kleine Wörter" (Formwörter, Strukturwörter, Partikel), die unflektierbar sind (vgl. Buscha, J. & Helbig, G. (2001). *Deutsche Grammatik.* München: Langenscheidt, S. 419). Diese Wörter haben oft eine entscheidende Bedeutung, um den Sinn eines Satzes zu erschließen. In der Bildungssprache sind sie besonders wichtig.

Beispiel: „Im Salzbergwerk Bad Friedrichshall wird Steinsalz abgebaut. Das Salz lagert 40 m unter Meereshöhe, während Bad Friedrichshall 155 m über Meereshöhe liegt. Welche Strecke legt der Förderkorb zurück?" Der Schlüssel für die mathematische Verbindung der beiden Zahlen ist das Wort „während".

Glossar/Fachglossar

Glossare sind Listen von Wörtern und Erklärungen. Sie können z. B. im Fachunterricht eingesetzt werden. Dann enthalten sie für das Fach relevante Wörter und Wortwendungen. Glossare können von Lehrkräften zusammengestellt und gemeinsam im Unterricht erweitert werden oder von den Schülerinnen und Schüler individuell angelegt werden. Wichtig ist, dass nicht nur Fachbegriffe und ihre Übersetzung aufgenommen werden (= Wörterbuch), sondern diese auch in typische Satzkonstruktionen eingebettet sind. Glossare stehen den Schülerinnen und Schülern im Unterricht und zu Hause zur Verfügung.

Graphic organizer

„Graphic organizer" sind grafische Strukturierungshilfen. Sie helfen den Schülerinnen und Schülern, ihre Gedanken strukturiert zu sammeln, festzuhalten und sind Grundlage für Gespräche, Texte und Präsentationen. Siehe auch „Ideennetz".

Zahlreiche Druckvorlagen im Internet, z. B.: ed-Helper.com (o.J.). Graphic organizers. http://www.edhelper.com/teachers/graphic_organizers.htm

Ideennetz

Auch: Cluster, Begriffsnetz oder Mind-Map. Ideen werden aufgeschrieben und die gedanklichen Verbindungen durch Linien oder Pfeile dargestellt. Ideennetze gehören zu den nichtlinearen Brainstormingmethoden. Je nach Ziel können Ideennetze auch schon Hierarchisierungsebenen enthalten (Mind-Map). Siehe auch „Graphic organizer".

Zum Weiterlesen mit Beispielen: Leisen, J. (2003) (Hrsg.). *Methodenhandbuch des Deutschsprachigen Fachunterrichts (DFU)*. 2., erweiterte Auflage. Bonn: Varus.

Kompetenzorientiertes Korrekturverhalten

Ein Korrekturverhalten, das auf „falsche“ Äußerungen mit modifizierter Wiederholung des Gesagten reagiert. Der Inhalt wird grammatisch richtig wiederholt. Dieses Vorgehen wird auch als „motherese“ („mutterisches Korrigieren“) bezeichnet, da es sich an dem natürlichen Spracherwerb orientiert.

Konditionalsätze

Bedingungssätze, in denen Wenn-dann-Beziehungen formuliert werden. In der Fachsprache gehen Konditionalsätze häufig in Nominalisierungen auf und sind dann nicht mehr über Wörter wie „wenn“, „falls“, „sofern“ und „dann“ erkennbar.

Beispiel: In dem Satz „Nach Abgießen der Flüssigkeit wird ein Bodensatz sichtbar“ steckt der Konditionalsatz „Wenn man die Flüssigkeit abgießt, dann sieht man einen Bodensatz“.

Kooperative Lernformen

Hier sind alle Formen des Lernens gemeint, die eine planmäßige und reflektierende Zusammenarbeit in Gruppen unterstützen, z. B. Platzdeckchen-Methode. Siehe auch: Kooperatives Lernen.

Kooperatives Lernen

Beim Kooperativen Lernen unterstützen sich Schülerinnen und Schüler gegenseitig bei der Arbeit und gelangen gemeinsam zu Ergebnissen. Dies geschieht in Partner- oder Gruppenarbeit. Mit zahlreichen Methoden wird ein hohes Aktivierungsniveau der Lernenden erreicht mit nachhaltigen Erfolgen im kognitiven Bereich. Problemlöse- und Sozialkompetenz werden gleichermaßen aufgebaut und führen häufig zu einem positiveren Selbstbild der Lernenden. Grundvoraussetzung für die erfolgreiche Arbeit in Gruppen ist das Schaffen eines förderlichen sozialen Klimas mit positiven Abhängigkeiten unter den Gruppenmitgliedern. Das Grundprinzip des Kooperativen Lernens ist „Denken – Austauschen – Vorstellen“ („Think – Pair – Share“).

Zum Weiterlesen: Brüning, L., & Saum, T. (2008). *Erfolgreich Unterrichten durch Kooperatives Lernen.* Essen: Neue Deutsche Schule Verlagsgesellschaft.

Kooperatives Lernen. Fremdsprache Deutsch, Heft 41/2009.

Ministerium für Schule und Weiterbildung des Landes Nordrhein-Westfalen (o.J.). Kooperatives Lernen. Grundlagen. http://www.learn-line.nrw.de/angebote/greenline/lernen/grund/gruende.html

Korrekturschleifen

Schülerinnen und Schüler bekommen die Möglichkeit, ihre Texte mehrfach zu überarbeiten. Hier bieten sich Korrekturschleifen an, die jeweils auf eine Überarbeitungsebene abzielen, z. B. erst auf der inhaltlichen Ebene (Kohärenz und Struktur), dann auf der syntaktischen und grammatischen Ebene und schließlich auf der Ebene Rechtschreibung und Zeichensetzung.

Lernplakate

Das Lernplakat ist eine überwiegend bildliche Darstellung von Lerninhalten und kann z. B. zur Verarbeitung oder Darstellung von Informationen verwendet werden. Lernplakate können von Lehrkräften erstellt werden (Sprachhilfen, Beispielsätze, fachsprachliche Begriffe) oder von Schülerinnen und Schülern. Bei der Erstellung müssen die Kinder und Jugendlichen den Inhalt vielfach diskutieren und sich über die darzustellenden Aussagen sowie Darstellungs- und Gestaltungsmerkmale einigen.

Zum Weiterlesen mit Beispielen: Leisen, J. (2003) (Hrsg.). *Methodenhandbuch des Deutschsprachigen Fachunterrichts (DFU).* 2., erweiterte Auflage. Bonn: Varus.

Lesefertigkeiten

Lesen ist ein Prozess, der sich aus verschiedenen Schritten und Handlungen zusammensetzt. Lesefertigkeiten werden im Verlauf der Bildungsbiografie auf- und ausgebaut.

Lesestrategien

Lesestrategien sind eine Folge zweckgerichteter Handlungen zum Erreichen eines bestimmten (Lese-)Ziels. Die strategische Kompetenz umfasst demzufolge die Fähigkeit, Handlungen zum Erreichen eines bestimmten Leseziels auszuwählen und bewusst anzuwenden, z. B. vor dem Lesen: Vorwissen aktivieren, Textart bestimmen, Kontext herstellen; während des Lesens: Text in Sinnabschnitte einteilen, Verstandenes markieren; nach dem Lesen: Kernaussagen formulieren, Inhalt zusammenfassen, Text beurteilen.

Zum Weiterlesen: Ministerium für Schule und Weiterbildung des Landes Nordrhein-Westfalen (o.J.). Lesestrategien – Einführung.
http://www.learn-line.nrw.de/angebote/gslesemodule /modul2/lesetraeinfuer.html#fn1

Murmelgruppen

Eine Aktivierungsmethode, die sich z. B. nach Vorträgen anbietet: Mit dem Nachbarn oder zu dritt tauscht man sich leise über das Gehörte aus. Murmelgruppen können ohne Themenvorgabe oder zu Leitfragen stattfinden. Die Ergebnisse werden nicht präsentiert, helfen aber den Schülerinnen und Schülern, sich auf ein Klassengespräch vorzubereiten.

Operatoren

Operatoren sind Verben, die signalisieren, welche Tätigkeiten beim Bearbeiten von Aufgaben erwartet werden. Sie initiieren eine Handlung, z. B. zusammenfassen, beschreiben, analysieren, vergleichen. Je nach Fach oder Textsorte können Operatoren unterschiedlich akzentuiert sein. Siehe auch: Sprachhandlungen.

Reformulierungsaufgaben

Schülerinnen und Schüler formulieren die Aufgabenstellung in eigenen Worten. Dies muss nicht in ganzen Sätzen geschehen, sondern kann auch in Form von Skizzen oder Tabellen geschehen. Aufgaben können auch in Verbindung mit einem Auftrag reformuliert werden, z. B. einen Imperativ in „Ich-soll-Sätze" umzuformulieren. Reformulierungsaufgaben können Unterschiede und Gemeinsamkeiten von Alltags- und Bildungssprache verdeutlichen.

Schreibkonferenz

Eine Methode zur Textbesprechung in Gruppen mit dem Ziel, einen Textentwurf durch Überarbeitung zu verbessern. In Form eines Beratungsgesprächs geben die Gruppenmitglieder zu vereinbarten Aspekten Rückmeldungen auf einen Text.

Spiralcurriculum

Im Spiralcurriculum ist der Unterrichtsstoff (z. B. themen- oder fachspezifischer Wortschatz) nicht linear angeordnet, sondern in Form einer Spirale. So wird der Unterrichtsstoff im Laufe des Schuljahres bzw. mehrerer Schuljahre mehrmals wiederholt.

Sprachhandlungen (Operatoren)

Schulisch relevante Sprachhandlungen werden in Bildungsstandards und Lehrplänen benannt, z. B. Argumentieren, Begründen, Berichten, Beschreiben, Beurteilen, Erklären. Mit den einzelnen Sprachhandlungen sind bestimmte Anforderungen an Textgestaltung, stilistische Normen und sprachliche Mittel verbunden.

Strukturdiagramm

Das Strukturdiagramm ist die abstrakte Darstellung eines Sachverhaltes: Wichtige Fachbegriffe werden in verzweigter Struktur so dargestellt, dass daraus die Logik und die innere Struktur eines Themas hervorgeht. Strukturdiagramme sind sowohl einsetzbar bei der Textanalyse als auch bei der Textproduktion und können das zusammenhängende Sprechen und Schreiben unterstützen.

Zum Weiterlesen mit Beispielen: Leisen, J. (2003) (Hrsg.). *Methodenhandbuch des Deutschsprachigen Fachunterrichts (DFU).* 2., erweiterte Auflage. Bonn: Varus.

Wortgeländer

Ein Wortgeländer besteht aus einzelnen Wort- und Satzelementen, die von den Schülerinnen und Schülern zu einem Text zusammengefügt werden. Es eignet sich zum Einüben zusammenhängender Beschreibungen oder Erläuterungen. In einer „Wortliste" sind wichtige Wörter und Fachbegriffe aufgeführt, die z. B. bei Bild-, Geräte- oder Versuchsbeschreibungen als Sprachstütze dienen. Eine Wortliste wird oft in Kombination mit anderen sprachstützenden Werkzeugen eingesetzt.

Zum Weiterlesen mit Beispielen: Leisen, J. (2003) (Hrsg.). *Methodenhandbuch des Deutschsprachigen Fachunterrichts (DFU).* 2., erweiterte Auflage. Bonn: Varus.

Ausgewählte Glossare zur sprachlichen Bildung

Bereznai, A., & Albers, T. (2016). *Glossar Sprachliche Bildung & Förderung*. nifbe-Online-Text 4. Verfügbar unter: https://www.nifbe.de/infoservice/online-bibliothek

Ludwig-Maximilians-Universität München. Website Sprache im Fach. Glossar zu zentralen Begriffen der sprachlichen Bildung. https://spracheimfach.de/glossar/

Michel, U., Scheinhardt-Stettner, H., & Lengyel, D. (2020). *Glossar zu Fachbegriffen sprachlicher Bildung in Netzwerken. Praxiskolleg – Ein Quadratkilometer Bildung.* Hamburg. 2. überarb. Auflage. Verfügbar unter https://fiona.uni-hamburg.de/69150ded/glossarauflage2web.pdf